旅人的食材曆

洪震宇 文

劉伯樂 圖

目次

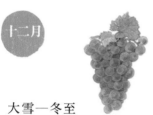

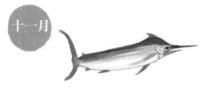

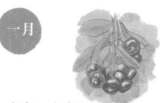

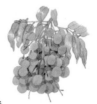

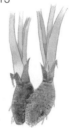

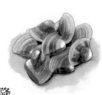

推薦序一

季節的廚房，旅人的食材曆

韓良憶

在歐洲也好，在台灣也好，我走在路上，眼底是熟悉或陌生的街景，季節不斷遞變，我留不住光陰，索性貪心地把季節吃下去，讓舌尖記得四季的滋味。

夏季走到尾聲了，上午逛菜場，看到紅鯔好新鮮，一口氣買了四條，吃個過癮。當令的紅鯔不腥氣，我打算簡單煎一煎，把外皮煎脆，食用前淋點檸檬汁，魚肉嚐來會更甜，香味也更突出。先前已在有機店買了彩椒、節瓜、番茄和圓茄，要做一鍋費工但美味的普羅旺斯燉菜（ratatouille），一部分用來佐魚，還有一部分明天拌庫斯庫斯吃。

彩椒是本週促銷品，價格特別好，乾脆多買一點，回家就送進烤箱烤到外皮微焦，去籽，剝去薄膜，用手撕開成長條，拌上油醋和蒜頭，醃上半天，最後撒點洋香菜末，便是一道義式開胃小菜。那鮮紅、亮橘、明黃色的甜椒在翠綠的洋香菜襯托下，鮮麗討喜，看著就開心，滋味則酸酸甜甜，很爽口，椒肉烤熟以後，質地更是柔軟得幾乎不必咀嚼便可滑下肚，好吃到真叫人停不了口，到目前為止，除了痛恨椒味的「死硬派」，親友中凡吃過這味小菜的，沒有不愛的。

肩扛著一袋的菜，懷裡捧著一束花，看到水果攤上的草莓和藍莓，忍不住各買了一盒當飯後水果，再過一兩星期就吃不到荷蘭本土產的新鮮漿果了，這夏季的滋味可得及時把握。

坐在回家的公車上，心裡在盤算，開胃菜有了，主菜有了，飯後甜點有了，還欠個澱粉類主食，要做什麼呢？乾脆利用冰箱裡現成的材料吧。前兩天在街坊的青果店買了兩公斤紅番茄，加蒜頭和洋蔥熬了一鍋番茄醬汁，已用掉半鍋，今天就來加料，添上辣椒和黑橄欖，最後撒上自家種的羅勒，就是饒富義大利風味的麵醬，拌尖管麵吃好了。這麼一來，這一頓夏末的晚餐算得上很豐富了，週末嘛，算是慰勞忙了一星期的丈夫，當然還有自己。

這一餐雖「澎湃」，花費卻不多，因為幾乎每一樣新鮮材料都是當季盛產的農產，價廉物美不說，且就算不是有機農產，而是慣行農法栽種的，只要是荷蘭本土所產，非千里迢迢越洋運送而來，我吃來都比較放心，因為想來不會吃進太多不必要的化學藥劑。大自然有它的節奏和韻律，萬物生長自有其定時，農民只要順應季節來栽種蔬果，不必施太多化肥、農藥和生長劑，應時的蔬菜水果便生機不絕、欣欣向榮，故而多多食用當令農產，不但省了荷包，而且不會毒害自己的身體和孕育生命的土地。像這樣多少服膺慢食文化的理念，是我近年來在日常生活儘量實踐的主張。

說來慚愧，我好像是移居歐洲，而且成為煮婦後，才真正注意到食材跟時裝一樣，是有季節性的。這當然是因為荷蘭地處北溫帶，四季分明，我即使再魯鈍，也會隨著氣候與自然景色的明顯變化，感受到季節的流轉。再加上我特別愛逛傳統市場，逛著逛著就發覺，怎麼農產攤子上的顏色也會換季哩。

春天一到，幾乎每家菜攤都堆著一落落的蘆筍，有綠有白，米白色的較多，白蘆筍正是這個國家春季的特產。隔了一段時間，同樣的攤子變得五彩繽紛，其中番茄、彩椒和紫圓茄特別多，我頓時便明白，時序已至仲夏，這三樣需要陽光的蔬菜因而長得特別嬌美。當橙紅的甜柿和紽紅微帶嫩黃的蘋果大量上市時，我家門前的榆樹也漸漸枯黃了，我從衣櫃中取出風衣，掛在玄關，方便出門前順手取下，秋涼了，出門得披件外套才行。然後又有一天，我上菜場，發覺果菜攤上不再五顏六色，白色的吉康菜和蒼綠色的袖珍抱子甘藍取而代之，盤據了大半攤位，這時，我不必翻月曆也知道，耶誕節不遠了，一年又要到盡頭。

回憶過往還住在台灣時，我好像並沒有這麼強烈地感受到時令和食物的關係，大概是因為成年出社會後忙於工作討生活，加上一直住在台北市東區一帶，除了逢年過節會上傳統大市場外，平時多半就近到超市買菜。超市的蔬果種類繁多，本土農產和進口貨色都不缺，但不知是否商業機制調節使然，一年四季供應的產品似乎都差不多，好像除了颱風過後暫時吃不到葉菜類蔬菜外，沒有多少農產是過了季就吃不到，方便是方便，但光顧久了，還真的忘記農產有其季節性。

也是到這幾年，好像才漸漸有了認識，即便在四季如春（呃，現在或應改為四季如「夏」）、農業技術發達的台灣，也是有農產是季節不對就吃不到或很難買到的。記得頭一回在夏天回台灣，想買饞了很久的蓮霧。在娘家附近的菜場繞了半天，就是找不到，紅豔的愛文芒果倒是很多，請教水果攤老闆，這位老兄很性格地看了我一眼，以「是我心情不錯所以願意教教妳」的語氣，緩緩地說：「小姐，夏天沒有蓮霧哦，偶爾有也很貴，藥仔還下得多，不如買芒果，便宜又甜。以後買水果要記住哦，有芒果就沒蓮霧，有蓮霧就沒芒果，這兩樣水果是輪流來的。」

有關台灣的時令農產，那應該是我上的第一課。從此以後，我只要回台灣，便會特別留心市面上的生鮮貨色種類、價格以及數量的多寡，這才發覺傳統市場的本土農漁產品也是季節分明，可沒有一年到頭一成不變的事。

不過，我畢竟是旅外台僑，在家鄉的時間不夠，親眼所見、親口所「食」的經驗難免不足。最近，我又上了更深入的一課，在洪震宇先生所著的《旅人的食材曆》出版前有幸拜讀書稿，透過他這本按照一年當中不同的節氣，記錄不同城鄉的農產與食材的著作，學到我們在台灣如果想學習老祖宗的智慧配合時令而食，可以去哪裡，又該怎麼做。

好比說，俗話說「正月蔥、二月韭」，國曆二月，也就是農曆正月立春時分，不妨到宜蘭，去吃三星蔥；三月則去金門嚐嚐嫩韭菜配石蚵，來一盤蚵仔煎。六月夏至前後，到三峽去爬山吧，順便買幾斤五寮產的綠竹筍，新鮮的五寮筍據說生食就像梨子般多汁，所以有「梨子筍」之稱。秋季是吃虱目魚的好時節，連我都知道，這時該去台南走一走。

書中最能勾起我的回憶，又最叫我悵惘的，應該是冬季的烏魚子。還記得兒時，阿嬤每逢烏魚季，就會託台南親戚就近到興達港買來一副副新鮮烏魚子請專人醃漬。於是到春節前後，我們就有炭烤魚子可吃。阿嬤烤烏魚子可有一套，總能把魚子烤至外層似焦未焦，內裡油潤軟嫩，切成薄片，配上甘甜的冬季菜頭，口味一濃一清，質地一軟一脆，好吃極了，可惜自阿嬤去見她的上帝後，那好滋味不再，以後吃到的，好像都沒那麼香，也許不是別人不會烤，只是我緬懷童年滋味，先入為主吧。

在歐洲也好，在台灣也好，我走在路上，眼底是熟悉或陌生的街景，季節不斷遞變，我留不住光陰，索性貪心地把季節吃下去，讓舌尖記得四季的滋味。

（本文作者為作家、生活美食家，目前旅居荷蘭、從事翻譯與寫作）

推薦序二

用心用情的食材行旅

蘇國垚

看了這本書，會讓人想依著作者所寫的時序，一點一地，實際的去旅行、去體驗、去享受當令在地美食，並從中體會農漁民的辛苦與堅持，及這些堅持傳承下去的意義。

震宇出版《旅人食材曆》邀我寫序，應該是我曾在旅館工作，現在又在餐旅大學任職吧！

震宇是個十足的性情中人，做事又用心，我們最初是因為採訪而結識，但他是少數一直與我保持連繫的訪者，他那種追根究底求真的精神，著實令人難忘。我平常也愛吃、好吃，但好吃的東西、好吃的店，多是由友人推薦，或是自己在旅途中無意發現的。震宇花了兩、三年的時間，有系統的整理出如此一本類似「工具書」的旅行良伴，真是大家的福音。

這本書的內容涵蓋從南到北，本島到外島，包括各種看似平常卻又特別的食材及小店，有些是大家耳熟能詳的，但絕大多數是作者自己深入去挖掘探討出來的，而且為了佐證他的論述，所引的經、據的典，不僅限於台灣，還旁及許多古今中外的文獻。書中所提到的食材及小店，皆不是高不可攀的名料或貴店，而是一般市井小民就有能力可以負擔的。震宇用心、用情將它們一一包裝陳列，供讀者享用。

透過震宇流暢的文筆，加上精美的插畫，讓人在閱讀時能引起共鳴，勾起回憶及產生想要立即行動的感動。讀到漁民「點燈捕鯖」的段落，我馬上回想起，有一回從武漢回台北，在東海的三萬呎高空上，看到數百點的漁火，及每次在東北角看到泊在港內的漁船上所懸掛的巨大燈具，就是漁民在深夜中出海捕魚，爾後再回到南方澳漁市場拍賣的情景。

本書尤其值得一提的是，作者對「態度」的表彰，從農漁民對耕種、採收及捕撈的種種堅持的態度，到作者三番兩次的回訪小店的主人，為的是要找出耕種、烹調或是醃製食材的祕訣，都令人佩服不已。馬祖那對叔姪所言「買魚，就不是漁民」，及作者回訪澎湖小店，卻不經意地撞見老闆正在曬他的祕密高麗菜乾，真是精彩！

書中也談到，唯有在鹽化的土地或堅硬的岩石隙縫等艱困的環境下，才會孕生出與眾不同、風味獨特的蔬果，這不就和現實生活中有許多在艱苦中成長的小孩，日後都成為有獨特見解與風格的成功人士一樣嗎！

總之，看了這本書，會讓人想依著震宇所寫的時序，一點一地，實際的去旅行、去體驗、去享受當今美食。這是一本充滿人文氣息卻又實用的「工具書」，從中讓人更加體會農漁民的辛苦與堅持，及這些堅持傳承下去的意義，也會讓讀者在享用在地當令美食時，對自己的選擇更加肯定，且細細品味之！

（本文作者曾任台北亞都麗緻大飯店總經理、台中永豐棧麗緻酒店總經理、台南大億麗緻酒店總經理等職，現任教於國立高雄餐旅大學）

亞熱帶氣候使我們迷失季節
現代生活又讓我們背離土地
但當寶島對它們都已無感時
等於放棄了真實生活的權利
在忙碌生存遊戲中　左躲右避
只想求得片刻喘息　覺醒不易
但　這書用食材魅惑你
但　這書用香味喚醒你
但　這書用時序通知你
但　這書用文化驚動你
鄉鎮　季節　物產　土地
高興　又被　連結　一起
看完書　再去玩　我保證
重拾生活在台灣的　恩典奇喜

——沈方正（礁溪老爺大酒店總經理）

再開狂飆心靈中的 鼻舌身意
快打開書
再讀下去

——邱一新（旅行作家、《食尚玩家》發行人）

一本好的旅行書，絕對會激起你追隨的念頭。洪震宇藉由尋找季節食材和鄉土料理，發展出一種獨特的「節氣食遊」之旅，讓人迫不及待想要按圖索驥食步一番，重新認識台灣。有社會學背景的人，看待「旅行」果然不一樣。

——賴瑟珍（交通部觀光局局長）

《旅人的食材曆》是一本優美動人的旅遊書，作者透過旅遊、節氣、飲食的新角度「玩味台灣」，將在地食材與節氣、旅遊完美結合，以細膩的筆觸，穿越時空長流，記錄鮮為人知的台灣食材故事，讓我看見旅行台灣最深刻的感動。

——鄭衍基（名廚阿基師）

雖然作者洪震宇我不是很熟，繪者劉伯樂本人更是陌生，但是給自己片刻的沉濈拜讀《旅人的食材曆》一書的片段之後，一下子恍然大悟，原來製作美食的工藝原貌之外，仍然有那麼大的吸收和伸展的空間，很了不起，我非常喜歡此書。一向喜歡閱讀和學習的我，再一次提筆告知，喜好美食此道的專業或非專業者，大家一起來學習什麼是春盤、佛手當令、手感慢食……，以及當下美麗寶島台灣各地的新鮮食材，在全書圖文並茂中皆有詳實描述，請現在相信我，以後會依賴它。

（以上按姓名筆劃順序排列）

自序

在地好味，節氣之歌

洪震宇

節氣不是老掉牙的落伍名詞，而是從時代高速列車掉落的珠玉。節氣教會我的，是一種慢食態度與智慧，順著大自然的節奏、土地的心跳，加上農人虔誠的巧手與耐心，就會吃到台灣最飽滿的靈魂風華。

總在旅行結束後，旅行才開始。

食物所帶來的美好記憶，經常成為我旅行的任意門。春天吃到三星蔥，腦海浮現一群媽媽們浸在池裡洗蔥的身影；聞到盛夏的芒果香，想起在小琉球島上漫步的星光，還有陽光下大口啃咬芒果的痛快；龍眼盛產的立秋時節，我邊剝殼邊懷念台南東山桂圓咖啡的香甜；淒冷寒冬喝著老薑香糖茶，彷彿聞到嘉義梅山炒香糖、滿室瀰漫的香氣。

那些散落在台灣各地的美好味道，總是縈繞不去，如潮浪般輪流叩問，何時再出發？

書寫也是一種旅行，突破時空限制，讓記憶的重量在筆下釋放，遣飛揚的思緒在紙上滑行。

旅程記憶太美好，每個故事，每種味道，每樣口感，還有空氣的氣味，甚至是每個人的微笑與聲音，都歷歷在目。

然而寫這本貫穿十二月令二十四節氣的書，卻也讓我靈肉分離，飽受折磨，呈現時序錯亂的狀態。淒冷寒冬，遙想芒果香氣；夜半春雨，虱目魚魚肚的肥嫩滋味揮之不去；夏陽逞威，我疾書阿公到東港買烏魚子的身影，懷念烏魚子配水梨；秋風沁涼，隔海想吃馬祖的黃金地瓜餃。

讀我每篇初稿的妻子，總在深夜時想吃我書寫提到的食物，然後嗔怪我為什麼沒帶她去？何時要帶她去？接著兩人開始絮絮討論起共同吃過的食物，以及彼此的飲食經驗與回憶。

攝影大師李屏賓說：「只要一點點光，就能帶我們去遠方。」

每個滋味都像光一樣，帶我們遠走高飛。經過節氣、土地與農人的孕育，讓這些平凡食物創造不平凡的感動，傳達一種久違的真誠。

最遙遠的距離，其實不是空間，而是時間。我突然驚覺，為什麼消失已久的童年記憶，會因為食物與書寫過程，讓記憶潛流如小河，將當時的聲音、光影與氣味，如電影蒙太奇般在我腦海中繚繞重現。

義大利慢食運動發起人卡羅·佩屈尼，在《慢食新世界》說，味覺，既是味道也是知識。其實，味覺更是故事，甚至是一場壯遊，壯闊的不是看得見的距離，而是飲食文化與本土節氣交融的歷史縱深。

我喜歡讀古詩與古文，當我開始閱讀清代的旅台或台籍文人的遊記，以及歌詠、描寫台灣風物的《全台詩》，或是在台日本人的短歌著作，更開啟我另扇窗，原來台灣的地景、氣候與物產在古人眼中是這麼鮮活有趣，原來自己居住的地方、吃到的節令物產，在數百年前是多麼奇特豐富且詩意。

比方一七四一年、乾隆時期來台擔任巡台御史的張湄，雖然只有短短一年的任期，他卻感受台灣亞熱帶氣候的獨特，跟大陸截然不同，讓他寫下〈氣候〉這首詩：「小寒多燠不霜天，木葉長青花久妍。真個四時皆是夏，荷花度臘菊迎年。」他也歌詠柑橘如繁星、如金鈴般可愛：「枝頭儼若掛繁星，此地何堪比洞庭。除是土番尋得到，滿筐攜出小金鈴。」

台灣在歷史上一直被視為蠻荒不毛之地，不少來台任官的詩人，被視為流放或貶官，心裡多半充滿失落抑鬱，但是當他們品嚐到芒果、鳳梨、香蕉、西瓜，甚至是虱目魚與烏魚之後，這些難以命名，或與中原滋味大異其趣的物產，讓他們失意變詩意，化為一篇篇有生命力的詩句。

就像蘇東坡被流放到黃州、惠州、海南島之後，胸襟不僅更為豪邁開闊，品嚐到的南方物產更讓他大開眼界，像荔枝、龍眼、牡蠣、芋頭，都成為活潑的不朽詩賦。

這就是南方的魅力啊！讓流放變解放，失意釀詩意，他鄉變故鄉，美食成鄉愁。

其實我在台灣的多年行旅，也是一種解放。從一個穿優雅合身西裝、在豪華企業總部侃侃而談的資深財經記者；轉為重視簡約潮流，跟明星、精品為伍的時尚雜誌副總編輯；再變為穿著T恤短褲的在地旅遊記者，過著前一夜在鄉間小巷狂飲暴食，隔天清早在田間或海邊揮汗慢跑的日子；一直到離開職場成為自由人，更自在地書寫、演講與擔任顧問，聽故事，說故事，也教人說故事。

生命的華麗，在於豐足的靈魂，也根植在與土地的感情，才能飛得更高更遠。

我記得我工作過的時尚雜誌主管，聽到我從事在地旅行報導之後，有點不解與略帶揶揄的說，你變成國民旅遊達人啦。

我不是要成為另一個「歐吉桑遊台灣」，如趕集般千篇一律的走馬看花，而是謙卑的重回鄉土去學習與體驗，找到台灣的深度魔魅與生命厚度，也找到改變的方向跟能量。我愛，我快樂，我想改變，也參與改變，不只讓更多人驚豔與感動，更要行動。

我從每趟行旅與飲食尋味過程中，找到驕傲的能量，再將這種感受體驗化為故事、文字、美學與創意，增加文化底蘊，提昇深度與溫度，讓更多人去抒情、去共鳴，去行走，去改變，更去愛。

節氣，就是我在旅行中所發現的一個有趣且耐人尋味的主題。

如果蘇東坡來到南方之南的台灣，循著節氣而食，一定會愛上這個迷魅之島的荔枝、龍眼與牡蠣。

由於台灣位在最大陸地與最大海洋的接觸點，有東北季風與西南季風交替吹拂，又有低水溫的親潮與暖水溫的黑潮流經，加上中央山脈對區域氣候的影響，讓台灣物產更豐富多元。

氣候風土交互衝擊與激盪，讓台灣永遠不老。台灣文學先驅龍瑛宗，曾經到鵝鑾鼻遊歷，他在一九四一年〈南方的誘惑〉這篇隨筆寫著：「在南方是沒有衰老的。它恆常地只有綠色的青春而已。」

永不衰老的節氣之歌，綠色的青春大地，共釀的風味細節，就深藏在歷史文化中。我沒有刻意循著節氣之路行旅，而是過去長久累積的經驗，指引我追尋最豐盈的滋味，才知道節氣就是調配風味的魔術師與影武者。

節氣不是老掉牙的落伍名詞，而是從時代高速列車掉落的珠玉。節氣教會我的，是一種慢食態度與智慧，順著大自然的節奏、土地的心跳，加上農人虔誠的巧手與耐心，就會吃到台灣最飽滿的靈魂風華。

節氣食遊，是一種重新認識台灣的快樂方式，能夠對台灣風土的感受更細微、更敏銳，創造屬於台灣的物產品質跟生活品質。

這本書，希望邀請讀者和我一起出發，跟著節氣老靈魂的腳步，找尋久違的味道，緩慢咀嚼歲月的芳香，建立屬於自己的鄉愁座標。

最悠長豐滿的台灣味，能牽引我們去更遠的他方。

二月

立春・國曆二月四日或五日—雨水・國曆二月十八日或十九日

蔥・春盤・魚鮮・老酒

斜風細雨的初春時節，清晨六點，青翠蔥田一望無際，一根根青蔥冒出如皇冠般的淡黃球狀蔥花，迎風招搖。

青蔥正當時

宜蘭三星鄉十多個鄉村媽媽們，早已換上青蛙裝，全身浸在大水槽裡，用黝黑粗糙的手指，細心清洗青蔥上的泥沙，使其呈現原本纖嫩翠綠的面容。媽媽們笑著說，三星蔥種得辛苦，也要讓賣相好看，才能有好價錢。

這群媽媽們的辛勞，重新詮釋詩人白居易筆下的「十指剝春蔥」，讓這個青衫白裙嬌客成為宜蘭的驕傲，立春的心頭綠。

我拿起一根剛洗淨的青蔥，咬下細長的蔥白，滋味甜脆。甘美的春味，讓我想起蘇軾的〈浣溪沙〉：「蓼茸蒿筍試春盤，人間有味是清歡。」當時剛過五十歲生日的蘇軾，春寒料峭中，與友人遊安徽都梁山。中午時分，山莊主人端出冒著熱氣、浮盪乳白泡沫的香茶，以及一盤剛摘取的野菜蓼茸蒿筍，世間還有什麼比細品春天鮮嫩口感更歡愉的事情？他感慨之餘，提筆寫下這首春風佳詞。

吃者歡愉，農作者也開心忙碌。昨夜聽了一夕春雨，一大早，我從宜蘭大同鄉的泰雅大橋一路慢跑到對面的三星鄉，雨水洗滌過的天空特別乾淨，空氣微寒中帶著青草氣息，我轉個彎直往田間小路跑去，看到一個阿伯整理蔥田，拿著一個植苗器在覆滿稻草的田畦上插洞，將挺直的蔥苗植入田中。隔壁的水田倒映陽光微微與湛湛藍天，一位戴斗笠的阿婆雙手拿著鐮刀緩緩漫步，也不知道她到底要走去哪兒？

日治時代的在台日籍詩人藤野玉惠，曾在雨水時節寫下一首短歌，描繪春雨洗滌後的農村景致：「下了好幾天的／春雨／秧田的／綠色變得／近藍」。眼前土地甦醒的景象，跟七十年前相比幾無改變。三千年前謳歌庶民生活的《詩經》，在〈豳風〉裡寫著：「三之日於耜。」意思是在春天正月開始整修農具，準備下田播種，希望獲得豐收之年。台語俗諺說：「立春趕春氣。」也強調一年之計在於春，要乘著春風在這年種下好彩頭。

立春的飲食文化自古淵遠流長，代表迎春與保健養生。例如漢代吃七草羹，就是在大年初七要吃七種蔬菜：芹菜、薺菜、菠菜、青蔥、茴香、香菫、大蒜等，唐朝則演變成吃五辛盤（也叫春盤），也就是吃五種具有辛辣味、切成細絲的新鮮生菜，包括蔥、芹、韭、筍、蒜等；還有「咬春」，即吃新鮮的生蘿蔔。由於五辛盤氣味較為辛辣，後來就變成以餅皮包裹五辛成為「春餅」，也成了潤餅和春捲的前身。

另外立春也有喝冬天釀造、春天熟成的春酒習俗。莊子說：「春月飲酒茹葱，以通五臟也。」古人講究生活風格，立春時刻有酒、有春菜、有蘿蔔，要緊「咬」住春天不放，飽嚐那抹鮮嫩綠意。

台灣的在地食材，將春盤、咬春文化發揮得淋漓盡致，透過微辛口感，感受春天飽滿的生命力，也讓身體獲得充足養分。

平日總是擔任料理配角、畫龍點睛的青蔥終於在立春時躍上檯面，成為耀眼主角。台灣俗諺：「正月蔥」、「正蔥二韭，卡（較）贏呷肉脯。」都強調農曆十月栽種、經歷冷霜寒冬滋養，蔥白特長的青蔥最美味。此時吃蔥也具養生效果。蔥具有大量的蔥蒜素，能夠殺菌，在腸內也能與維生素B1結合，易於吸收，並能刺激血液循環、活化神經，提高免疫力。

《論語》強調對膾（切細的生魚片）等食品「不得其醬不食」，《禮記》則說：「膾，春用蔥，秋用芥。」早在先秦之時的生魚片，在春天要用蔥、秋天則用芥的醬來調味。

吃慣了提味爆香的炒蔥，總覺得太過日常平凡，立春時節不妨試著生食青蔥，沾醬拌沙拉，咀嚼蔥白莖體滲出的乳白漿液，或許會有不一樣的新鮮浪漫感受。

立春極品三星蔥

台灣南部的北蔥因為蔥白較短、質地較粗且過於辛辣，只宜爆香，不宜生

宜蘭的三星蔥不只是生長環境好，農人用心讓口味更夢幻。

食。立春當令的只有宜蘭三星鄉的日蔥（三星蔥）最具滋味，清燙淡中透甜，生吃也極為甜脆。

三星蔥是宜蘭得天獨厚的自然禮物。只要用上水分飽滿、氣味香甜的三星蔥，宜蘭各地隨便一攤的蔥油餅都好吃。每逢颱風季節，三星蔥就特別風光，為了提前搶收，蔥價一斤甚至曾高達四百元。

三星蔥的夢幻在於獨特的環境。宜蘭本身是個東北向西南收斂的三角狀蘭陽平原，三面環山，一面臨海，雨量充足，日夜溫差大，讓作物擁有飽滿的生長環境。然而多雨卻不利蔥的生長，宜蘭一年下超過兩百天的雨，清同治九年（一八七〇）《淡水廳志》就描述這個特殊現象：「竹塹多風，蘭地多雨，諺謂竹風蘭雨。」宜蘭的多雨，在於讓帶風夾雨的東北季風進入之後，被山脈阻擋，無法越嶺也不能左右輻散，變成下降氣流向平原反吹，造成沿海鄉鎮多雨，但內陸的三星鄉反而雨量較少。

由於海風的吹拂，宜蘭沿海鄉鎮的蔥會帶有些許鹹味，只有內陸、不受海風影響的三星蔥甜嫩多汁。加上三星位在蘭陽溪上游，水分含有飽滿有機質，土地是滲透性與排水性很高的砂岩，造就孕育出三星蔥嬌貴氣質的環境。

此外，農民的智慧與細心，更提高三星蔥的品質。原本我聽不懂農會員工告訴我三星蔥栽種的特色，直到我清晨跑步，看到蔥農植蔥的過程，才明白其中的專業。

蔥農阿伯工作很專心，沒注意我這個穿背心短褲、一看就知是從外地來的人，站在離他不遠處觀察了十幾分鐘，他一直彎腰沒分神抬頭。

我看到一大把一大把放在稻草上的青蔥，還以為是已收割的蔥，仔細觀察才知道那是蔥農要植入的蔥苗。三星蔥栽培方法很獨特，不像南部用播種的方式，而是用採收後的健壯青蔥當蔥苗，直接植入田畦，藉由分株繁殖方式生長，農人並以事先輪作的乾稻草覆蓋，防寒保溫，防潮遮陽，讓蔥白延伸得更長。

蔥，是永遠的初春滋味。

春盤滋味多繽紛

最能搭配青蔥顏色與氣味的，當屬咬春的白蘿蔔與春筍。

秋天栽種、冬天上市的蘿蔔，春節前後最美味，中國人咬春要吃如梨子般甘

春盤

甜的白玉蘿蔔，甚至日本料理的生魚片或是烤鯖魚，也要配上生蘿蔔泥去腥。彰化、南投埔里大坪頂、嘉義布袋、雲林台西都是台灣蘿蔔的主要產區。緯度更高、氣候更嚴寒的馬祖，白蘿蔔是當地三寶之一，馬祖人甚至自豪稱為「春天的蘋果」。

立春到清明，南投竹山、鹿谷、嘉義梅山、竹崎與阿里山的孟宗竹盛產春筍。這種早春掘起的孟宗筍，外殼覆蓋金色絨毛，氣候越暖，顏色就偏向褐色，被稱為「毛茹仔」。

竹子在冬天因為土壤較乾燥、欠缺水分，讓筍芽暫時熟睡，等到氣溫轉暖、春雨一來，土壤獲得滋潤，雨後春筍就爭相破土而出，趕上立春美食列車。不過春筍要在清晨挖掘，更不耐久放，得趁鮮趁早。

屏東車城與恆春的洋蔥也是不能忽略的現代春盤美食。雖然洋蔥可以存放很久，但是南台灣二月開始盛產的洋蔥，卻最當令新鮮。

洋蔥富含營養，被西方人譽為是「根中的玫瑰、菜中的皇后」。當白露節氣降臨，落山風吹襲恆春半島，就是洋蔥的播種時刻。等到風勢轉緩的二月天，一直到五月，恆春半島就瀰漫洋蔥香，因為盛產的洋蔥都堆放在路旁像座壯觀小山。

洋蔥的原鄉是沙漠，為了保有得來不易的水分，洋蔥用鱗瓣一層一層緊裹自己的身軀，儲存水分與生命。恆春半島因為風勢強勁、乾燥、沒有露水，不會造成病蟲害，也讓洋蔥鱗片更乾燥，帶有爽脆的香甜口感。

立春吃洋蔥，彷彿在咀嚼生命哲學。就像從年頭開始剝開一片一片的年華歲月，剝完後仍表裡如一，入口濃烈刺激，卻能感受淡淡的回甘。

我在屏東曾吃過海膽配洋蔥，兩者相搭意外的甘甜。這是來自屏東外海、藏在消波塊、吃海藻的海膽，配上浸泡冰水與醋，已經去除辛味的車城洋蔥片，可以吃到膽黃的新鮮香氣，單吃洋蔥片也很過癮，冰涼甘甜，洋溢著飽滿水分。

由於進口洋蔥大軍入侵，常讓恆春蔥農降價求售，也造成血本無歸，洋蔥被堆放在田裡，任憑風吹雨打。洋蔥，還是當令在地最好，不只營養，還有恆春半島山風陽光的海角情意。

二月當令的還有胡蘿蔔。胡蘿蔔就像洋蔥一樣，可以用冷藏存放整年，我們大部分吃到的都是冷藏品，很少嚐到當令的鮮感。台南將軍鄉是胡蘿蔔之鄉，這個區域的土壤是黏稠的沖積土，加上靠海，土地具有鹽分，鹽分地帶的貧瘠反而讓將軍胡蘿蔔以皮厚、質地細緻，能久存聞名。

跟西方相比，胡蘿蔔在中國餐桌上多為配角。或許是因為胡蘿蔔具有獨特的野性氣味，多少會讓人排斥。台灣人稱胡蘿蔔為「紅菜頭」，老一輩用日語發音「人參」，川菜與潮州菜分別為胡蘿蔔取個精緻稱號「金筍」、「甘筍」，都是以胡蘿蔔打汁勾芡來搭配菜餚。但是近年生機飲食當道，終於有機會讓胡蘿蔔從以往切丁的小配角，躍升為有機營養果汁的主角了。

魚鮮

紅魽

黑鮸紅魽鯖魚肥

陸上食材有著生物時鐘的節奏，海洋也有潮流節奏，魚汛的生物時鐘。俗諺說：「正月展春流」，代表立春之後，潮汐海流加大。又說：「雨水，海水卡冷鬼。」說明雨水時節，雖然已經入春，溫度仍低，海水比陸地氣溫更低，摸起來沁人肌骨。

因為溫度仍寒冷，二月立春依然有肥美魚類。

俗諺說「春鮸，冬加蚋」，春天的鮸和冬天加蚋魚，最肥美好吃，這時令的黑鮸就是初春的代表。早年有句俗話說：「有錢吃鮸，無錢免吃。」代表鮸魚的高貴身價。因為鮸魚在冬天儲存肥厚脂肪，要在春天產卵，擁有最誘人的油脂。

我在馬祖東莒島吃過鮸魚做成的魚丸，飽滿彈牙口感大概只有澎湖狗母魚丸才能相比，然而這是私房菜，是餐廳老闆不外賣、只供自家人吃的料理，我有幸吃到，大呼過癮。原料是用冬天才捕得到的馬加魚、二月的黑鮸與灰鮸等大型魚類，因為肉質多才能打成魚漿，再與豬肉相混，捏成魚丸，一年就這幾個月有口福，越稀有才會越珍惜啊。

嚐到「現撈仔」也是難忘的生猛幸福。蘇澳北方、日治時代建立的南方澳漁港，位居黑潮與親潮交會處，帶來豐富的漁獲，更容納上千艘漁船，是台灣三大重要漁港之一。這裡的漁船都是半夜出海，中午回港，要趁鮮採買，也可以到鄰近餐廳吃當令海鮮，甚至圍觀或參與用獨特語調的拍賣漁獲，也是有趣的體驗。

我曾數次跟著羅東饗宴鐵板燒主廚程智勇（阿勇）來此採買，常有特別收穫，像吃到漁民意外捕獲、有夢幻魚之稱的石鯛，還有在港邊直接剝殼生吃的甜蝦。

二月也是鯖魚最肥美的時期。因為產卵洄游的緣故，花飛（花腹鯖）及白腹鯖出現在有「鯖魚故鄉」之稱、鯖魚漁獲量佔台灣九成的南方澳漁港。由於鯖魚同多數的魚類都有聚光性，南方澳漁船利用夜晚圍捕鯖魚，只要點上好幾千瓦的燈，鯖魚就成群結隊上鉤。雖然鯖魚整年都有，但在農曆年前後，脂肪快速增加，脂瞼也跟著增厚，讓視力減弱，行動不敏捷，特別容易捕撈。

鯖魚又稱青花魚，產量大，但退鮮快、易腐敗，台灣通常做成罐頭，或用鹽烤、醋醃與味噌展現美味。饗宴主廚阿勇的料理很特別，他做成鯖魚湯，先去皮，以海鹽醃過，切成一塊塊之後，放入切成細絲狀的紅、白蘿蔔湯中，煮沸後就是一碗新鮮細緻的鯖魚蘿蔔絲湯。

日本知名作家池波正太郎在《食桌情景》中提到平民農家的「蘿蔔青花魚燴飯」，就是在鍋中將水煮開，放入青花魚與白蘿蔔，用鹽與醋調味，再趁熱淋上生薑汁，這種美味讓他驚奇地瞪大雙眼。

台灣人最愛吃的紅魽生魚片，農曆年前後的二月份，也是最佳品嚐時刻。雖然一年四季都有紅魽洄游，但是紅魽在四、五月產完卵之後，就逐漸消瘦，一直到九月東北季風開始吹起，為了過冬才逐漸增胖，立春就是饕客最愛的體態。

阿勇料理的紅魽生魚片，刀功跟創意也讓人讚不絕口。他用南方澳漁港現撈的紅魽，使用油脂最多的腹部，切成大小適中的生魚片，用火燒烤魚肉表面的油花，用油脂勾出紅鮒柔軟的肉質口感，再沾上他母親特製的魩仔魚醬油，可以引出生魚片天然的甘甜。

老酒

馬祖老酒釀溫柔

每當冬末初春，我的舌尖就自動思念起口感香甜、顏色紅豔的馬祖紅酒，那是馬祖家家戶戶傳統的私釀老酒，就像馬祖人溫柔又強悍的個性，雖然酒精濃度只有百分之十二，但後勁十足。

由於天氣炎熱會讓米麴發酵變質，馬祖人都是利用冬天寒流來時或農曆年前後釀老酒，製作過程耗時，以紅麴、糯米與水釀造，放在陶甕中沉澱發酵，每隔五、六天就要攪拌一次，一個月之後才能開罈飲用。

老酒總也不老。老酒的稱號來源，一說是傳統都存放在老窖，是老窖之酒的簡稱，另一說是越陳越香，越老越醇的歲月之酒。像南竿牛角村口的馬祖酒廠，在恆溫十七度的八八坑道、鐘乳石與暈黃燈光相伴下，就存放數千罈有二十年歷史、一排排屹立直挺的老酒。

只有在馬祖，因為時空的隔離與沉澱，才能釀出這種歲月之酒，香洌的讓時間忘老，封存住記憶年華。

馬祖人的創意，讓老酒發展多種用途。老酒夏天加冰塊喝，冬天加薑絲與糖

釀馬祖老酒須先將糯米與紅麴洗淨、蒸煮，接著將蒸熟的糯米攤開放涼，最後再入罈沉澱發酵。

溫熱喝，是飲料，也是補品，還是交誼工具。馬祖人招待外來客人方式，就是拼到有一方吐才罷休，但通常敗陣都是外來客，我這輩子第一次醉到吐，就是在馬祖，同桌的馬祖男男女女神色自若，我方則早已棄甲潰逃，剩我一人獨撐大局，最後以慘吐收場。「這樣你才會對馬祖記憶深刻。」馬祖人調侃。

這還是愛情釀的酒。妻子釀老酒，為的是讓出海捕魚的先生暖身骨暖心窩，不畏寒風。老酒也是馬祖的女兒紅，在女兒出嫁時，釀好一罈老酒，等到坐月子時，就用荷包蛋加老酒的老酒蛋、老酒燉雞來補身子。

我太太兩次坐月子，都是聽馬祖朋友建議，從她懷孕前後到坐月子，我每天一早煎荷包蛋，再淋上一大杯老酒，蛋香伴酒香，酸甜好入口，兩個女兒血液大概都有老酒基因了！

老酒蛋

饗宴海鮮料理

私房推薦

饗宴鐵板燒　宜蘭縣羅東鎮河濱路326號　03-9657998

推薦紅魽及甜蝦、海膽等當令海鮮。

這是家很特別的餐廳，沒有菜單，價位從一千元起跳，沒有預算上限。主廚阿勇每天中午都在南方澳採買當令當天最新鮮的漁獲，一直到傍晚才回餐廳開當晚的菜單，準備料理工作。我們到底會吃到什麼？阿勇也不知道，只有大海知道，他從靠岸的漁船扛下一簍簍的漁獲，蹲在岸邊揀選，然後打開裝滿一疊厚厚紙鈔的腰包，阿莎力的掏現金給漁民，有時他甚至會堅持等到五點，期待還有漁船返航。阿勇的堅持與誠意常常換來餐桌上的驚喜。

更有趣的是他一邊優雅的料理，還能一邊說食材故事，或是突如其來拿出海報、書籍來個生物學解說……一頓下來，十多道菜得吃上兩個小時以上，抱著悠然緩慢的心情，以及探索在地食材的好奇心，心與胃都能獲得滿足。

三星青蔥文化館　宜蘭縣三星鄉義德村中山路31號　03-9893170

宜蘭有多家蔥油餅攤販，經常都大排長龍，我不愛湊熱鬧，取巧的直接到三星鄉農會經營的三星青蔥文化館，購買冷凍的三星蔥油餅，順便買新鮮的三星蔥、三星蔥醬。因為有了夢幻三星蔥，冷凍蔥油餅下鍋煎過還是又甜又水，是最棒的早餐。

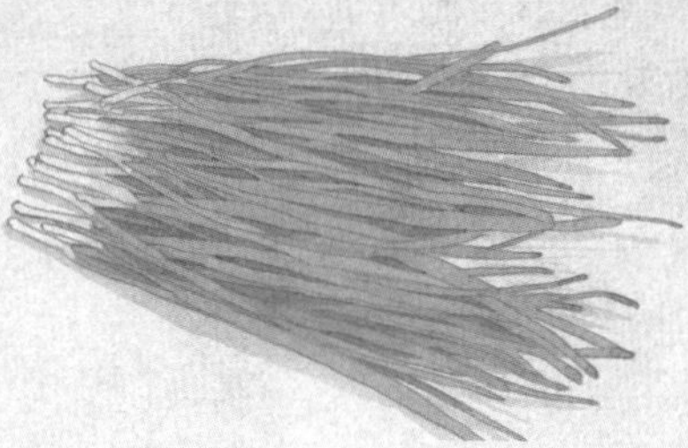

三月

驚蟄・國曆三月五日或六日—春分・國曆三月二十日或廿一日

石蚵・韭菜・茼蒿・狗母魚・楊桃・枇杷

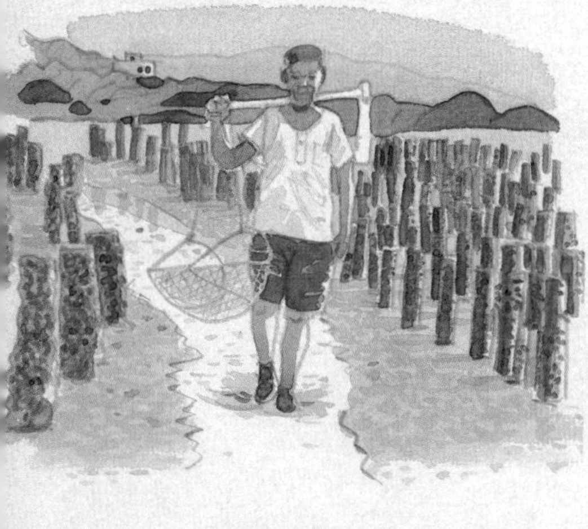

石蚵

春分金門，微寒，正宜飲酒暖身。

高粱烈酒入喉，燃起原本斯文靦腆的詩人鄭愁予的豪興，顧不得妻子「少喝點」的婉言提醒，兩頰微紅的他，繼續與賓客相互舉杯。賓客朗誦起詩人的〈飲酒金門行〉：「聚飲？／到金門去！／主人慷慨群賢豪興，／而戰地訂交以啥為憑？／哈！飲高粱酒者方稱得／性情中人。」

當高粱烈火在我咽喉與腹腔燃燒之際，一大盤蚵仔煎餅格外引動食欲，裡頭擠滿金門石蚵與翠嫩的韭菜、蔥、蒜苗、芹菜、豆芽菜、高麗菜，口感酥脆黏稠，Q彈有勁，配上高粱的後勁，春天特別猛烈豪爽。

金門蚵肥韭菜香

這份碩大的蚵仔煎餡料飽滿扎實，口感與內容跟台灣蚵仔煎截然不同。我到廚房好奇探問，女主廚小明打趣說，這是金門pizza。

小明大廚示範獨特的金門蚵仔煎作法。她將浸滿地瓜粉的春盤材料與蚵仔一一

石蚵養殖是金門傳承數百年的生活方式，如今仍常見老一輩金門人坐在家門口挖蚵。

放入炒菜鍋，用料隨她高興，想放什麼蔬菜就放什麼蔬菜，總之越多越好越熱情。接著用鍋鏟翻炒，過程中不斷用鍋鏟壓實餡料，等到兩面都炒好，內嫩外脆之後才加蛋，而且沒有過多的勾芡，也沒有甜辣醬，完全用豪邁原味取勝，讓人只恨肚皮容量有限。

金門人說：「二月蚵肥韭菜香」，農曆二月正是石蚵最肥美、韭菜最鮮嫩的時刻。石蚵雖然比台灣蚵仔瘦小，但口感更緊實，讓蚵仔煎成為金門獨有的春盤。

由於金門物產有限，石頭特多，造就金門人用石塊取代蚵架的獨特養蚵方式。在金門鄉村，常會看到阿婆坐在門口用蚵刀挖蚵，朋友說蚵仔曬成蚵乾，可以當成粽子內餡，或是蒸成蚵乾飯，就是糯米跟蚵乾、紅蔥頭稍微爆香炒過，然後放在容器中，加入米酒一起蒸，香氣濃郁，這是他小時候經常吃的家常菜。

據說在明朝萬曆年間，金門就有養蚵的紀錄，藉由蚵苗攀附在潮間帶的小石條上，透過潮水漲

金門麵線吸飽海風跟陽光，有淡淡的天然鹹味。

退帶來豐富的浮游生物滋養，而且代代傳承，家家戶戶各有疆域界線，甚至還有字據為證。蚵石數量甚至高達二百多萬塊，但是在國共內戰、金門成為反共堡壘之後，或因戰事大量毀損，或因金門人口大量外移，蚵石缺乏管理而逐漸消失。

還好石蚵養殖簡單，老一輩的金門人繼續維持固定採蚵的習慣，作為食糧，也能賣錢，讓我們有機會吃到這麼獨特的滋味。而像過去防止大陸解放軍偷襲、一根根插在海灘上用來反空降、反登陸，漲潮時被潮水淹沒、退潮時露出黝黑鐵身的軌條砦，也爬滿石蚵，意外成為金門人採石蚵的工具。

我跟朋友在夕陽西下的古寧頭海灘上漫步，發現軌條砦上佈滿石蚵，興沖沖的拿瑞士刀挖出石蚵直接生吃，口感充滿海水鹹腥味。

金門的蚵嗲與炸春捲，也充滿在地風情。老闆將高麗菜、紅蘿蔔、豆芽、韭菜和一大把石蚵裹上麵糊下鍋去炸，炸到金黃色之後，再放入另個鍋裡炸一回，把油逼出來，熱騰騰的麵衣又香又酥脆，咬下去後先吃到蔬菜香，接著是蚵香，只能一邊說好吃一邊還喊燙。炸春捲的內餡跟蚵嗲一樣，但是先用薄中帶勁的潤餅皮包住，再裹上麵糊下油鍋炸，增加了麵衣跟潤餅皮兩種層次的酥脆感。

如果要品嚐石蚵的原味，蚵仔麵線也是在台灣本島吃不到的好味道。市場裡有一家製作麵線六十多年的小店，店裡頭老闆不斷用機器切麵線，老闆娘趁著太陽露臉，把一排排跟人身高差不多長的麵線掛在太陽下曬，三、四十排麵線迎風飄動，很壯觀，陽光穿過麵線，在地上形成一條條整齊劃一的影子。

金門海風大，麵線有淡淡的天然鹹味。金門蚵仔麵線內容簡單又豪華，不像台灣久煮不爛、勾芡很重的紅麵線，金門是白麵線，要吃之前用高湯滾一下，放入現煮的蚵仔，撒上韭菜、蔥花，一碗滿滿的石蚵，幾乎看不到麵線，口味清淡，但是吃得到新鮮蚵仔的原味，以及麵線滑順的淡香。

春韭，永遠的鄉愁

在台灣，春韭是三月的禮物。韭菜有豐富維生素，可以消除疲勞、促進腸胃蠕動，硫化丙烯的成分還能殺菌。

別看韭菜生長力旺盛，其實體質嬌貴，怕冷怕熱，難耐攝氏十度的低溫，處在攝氏三十三度的高溫，葉片就會轉黃喪失口感。《本草綱目》說：「韭菜春食則

韭菜

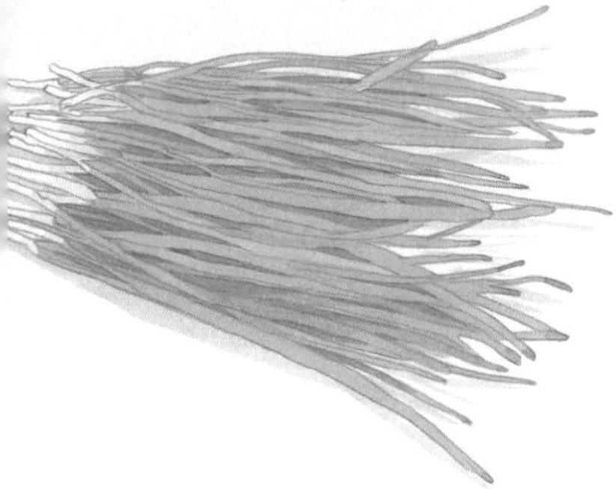

香，夏食則臭。」所以春天是韭菜口感最好、最嬌嫩的季節，夏天吃韭菜，纖維粗又老，就不宜多吃。

韭菜具有獨特的歷史意義。韭菜是中國人栽培最早的蔬菜之一，也是唯一可以祭奠先祖的蔬菜，韭菜有「久」的諧音，一次種植之後可以連續採收，也代表生生不息的草根韌性。《詩經》寫著：「四之日其蚤，獻羔祭韭。」農曆二月獻上羔羊與韭菜來進行早祭。《禮記》也提到：「庶人春薦韭，配以卵。」用雞蛋炒韭菜來祭祖。

韭菜代表誠摯不變的溫馨友情。吃韭菜比鄭愁予筆下訂交要飲高粱酒，更算性情中人。杜甫寫過：「夜雨剪春韭，新炊間黃粱。」他曾在夜裡突然造訪久未見面的摯友，主人冒雨到菜園剪春韭，剛煮好的黃粱摻米飯散發熱香，菜色平常卻無比溫馨，撫慰了詩聖的流浪之心。客居海外的詩人張錯，也藉春韭寫下對友情的鄉愁：「只是每逢連夜苦雨／總缺一束春韭／或是一個久無音訊／飄然前來的舊友」。

台灣在地盛產的韭菜，不僅是春天的鄉愁，也代表韭農的誠摯心意。主要產地以桃園大溪、彰化埔鹽、田尾與花蓮吉安鄉為主，大溪中新里是國內最大的韭菜生產專區，擁有適合韭菜生長的肥沃、透水性高的砂質壤土，彰化埔鹽角樹村有韭菜故鄉之稱，花蓮吉安韭白長而粗大，口感則柔嫩細緻、較無辛辣味，也打出吉安韭的高知名度。

因為韭菜很嬌貴，韭農格外需要用心對待。韭菜收成前一個月，韭農要在韭菜根部鋪上一層厚木屑，阻絕陽光，以延長甜嫩韭白的長度。另外，韭菜身軀低矮且柔軟，採收時必須費力蹲在田畦上，一把一把的抓穩、割下，不能傷韭身，還得留韭白，力道拿捏與割取部位要靠老經驗，動作簡單，卻是深功夫。

清代大才子袁牧的《隨園食單》就提到韭白的作法：「專取韭白，加蝦米炒之便佳，或用鮮蝦亦可，蜆亦可，肉亦可。」他也提到韭盒的作法：「韭菜拌肉，加作料，麵皮包之，入油灼之，麵內加酥更妙。」我想這應該就是大街小巷庶民食品「韭菜盒」吧。

我在宜蘭三星看到肥大的韭菜田，由於韭田和蔥田輪作，一年產季只有在三月，非常珍貴，三星韭稍微汆燙一下，淋點醬油，拌柴魚片，就是一道簡單開胃的涼拌韭菜。

甚至我還看到已經冒出如王冠的白色韭菜花，這是一般秋天才有的韭菜花，竟能在三月看到，韭農說清炒韭菜花是農家私房料理，可惜我只是路過，無緣吃到清炒韭花。中國五代的書法家楊凝式寫〈韭花帖〉詠韭花，他寫著：「當一葉報秋之初，乃韭花逞味之始。」也許是台灣的風土特色跟勤勞的農人，讓韭花春天就來報到，清代《恆春縣志》就描述這個韭花早發的現象：「是韭菜作花，本在秋初。今各處於夏間已有之；蓋亦栽灌加勤，其發較早耳。」

三月不只品嚐翠綠韭葉，口感軟嫩的韭黃也有好風味。蘇東坡詩云：「漸覺東風料峭寒，青蒿黃韭試春盤。」說明茼蒿與韭黃也是春盤好滋味，黃綠交錯的色彩，格外有詩意。

台中清水鎮是韭黃之鄉。由於生產韭黃費時費工，得透過遮斷陽光的技術，讓韭葉失去葉綠素變成韭黃，清水人早期曾用草蓆、肥料袋覆蓋，後來改為塑膠皮與黑遮光網。清水媽媽們現在推出結合韭黃與米飯的黃金飯，先將大甲溪灌溉的清水米浸泡二十分鐘，瀝乾之後，把香菇與蝦米爆香，再放米與韭黃一起下鍋拌炒，讓米粒呈現半透明狀，最後再將米飯煮到軟透，就是風味清香的清水黃金飯。

狗母魚茼蒿

狗母茼蒿好鮮美

茼蒿最當令的時間是冬至，春天吃茼蒿，有一種抓住茼蒿逝去前美味的珍惜感，因為氣溫回暖後，茼蒿就開花成美豔不可方物的春菊。茼蒿又名春菊或菊花菜，原本是地中海的庭園觀賞植物，唐朝傳入中國，唐朝孫思邈在《千金方》說茼蒿具有「安心氣、養脾胃」的藥用功能。

與其賞春菊，不如讓春菊以身相許。茼蒿莖葉有獨特的香氣，吃火鍋、鹹湯圓都適合放茼蒿，但最獨特的應該是澎湖的狗母魚丸茼蒿湯。

澎湖茼蒿屬於葉子鋸齒狀的鋸葉種，顏色比台灣茼蒿更深，香氣更濃郁，從農曆過年到三月正當令。澎湖狗母魚此時也最肥美，狗母魚丸新鮮有彈性，配上茼蒿香，成為澎湖遊子的春天鄉愁。攝影師兼作家張詠捷在《食物戀》提到，跟台灣魚丸相比，狗母魚丸口感跟味道最獨特，完全是用魚肉的天然纖維與手工翻打

技巧，讓魚漿轉化為細緻又充滿彈性的口感。澎湖人說手工狗母魚丸作法繁雜但不易保存，得趕緊趁鮮吃完，在本島也較難取得，也許這就是保存在記憶中最獨特的味道吧！

台南有間卓家汕頭魚麵，用的也是狗母魚打成的手工魚漿，打漿過程為了防止溫度過高影響品質，還不時加入碎冰一同攪拌降溫。這家的狗母魚麵條不加麵粉，放入滾水煮熟，加點碎肉絲、青菜與紫菜，口感Q脆清淡，沒有魚腥味。另外的「魚冊湯」，將打成薄片的狗母魚，包入豬肉餡和芹菜，充滿清甜香。

楊桃 枇杷

楊桃枇杷送春福

三月依然春寒料峭，嬌生慣養的楊桃與枇杷，正是潤肺順氣，抵禦寒氣的當令水果。

楊桃一年四季皆產，以三月產量最大，橫切成片，模樣像小巧可愛的星星，又名「星星果」。楊桃味甘且酸，水分含量高，有豐富的醣類與維生素C，可以消除疲勞，預防感冒，《本草綱目》記載楊桃有清熱解毒、生津止渴的功能。

楊桃在漢代從馬來半島傳入中國，種植集中在華南地區，南宋大詞人辛棄疾在福州任官時，寫下對楊桃嬌貴風韻的迷戀：「憶醉三山芳樹下，幾曾風韻忘懷。黃金顏色五花開，味如盧桔熟，貴似荔枝來。」

黃金星星果的驚喜，也成為台灣奇蹟之一。台灣在嘉慶年間（約西元一八〇〇年）從華南引入，現在以台南楠西、彰化員林為主要產地，楠西產量最大，以外銷出口果實碩大達四百公克的秤錘種為主，最出名的是密枝村生產的密枝楊桃。楠西氣候高溫多溼，排水良好，入冬後降雨量少，讓楊桃甜度更高。為了防蟲害叮咬，自幼果起就得一粒一粒用套袋包好，採收時，又得避免碰傷突出的稜肉，運送過程更要細心注意。

楊桃也陪伴台灣走過一段甘苦歲月。作家履彊的短篇小說〈楊桃樹〉，描寫他家鄉——雲林褒忠鄉祖母家的楊桃樹，在困苦環境中，全家靠這株楊桃樹釀出甘甜清涼的楊桃汁，才得以度過最難最苦的日子。

枇杷是讓人驚鴻一瞥的黃金果，就像白居易〈琵琶行〉：「千呼萬喚始出來，猶抱琵琶半遮面。」產季千呼萬喚只從二月到四月，三月產量最盛。產季有限，產地也有限，枇杷生長環境只在南投國姓、台中太平與新社等海拔較高的地方，容易受天候影響，產量也不穩定。

枇杷氣韻與模樣似彈琵琶的仕女，養育過程也得耗費心力。幼果時得用套袋保護，採收時要小心翼翼的在果串縫隙裡穿梭，挑選剪果也得細膩謹慎，先打開包套一顆顆剪開，再根據重量重新分類。

三月是與黃金嬌客相遇的好時機，萬一無緣，將是春天美麗的憾事，下次相逢，還得再煎熬一年。

王阿婆蚵仔麵線

私房推薦

小明餐飲　金門縣金城鎮光前路46-1號 082-326120

推薦蚵仔煎、滷豬腳、炒米粉和酥炸排骨。

不要看外觀像住家，其實裡頭別有洞天，這是在地金門人最愛的餐廳，也是詩人鄭愁予的最愛。菜單只是參考，想吃菜單上沒有的菜、最道地的金門菜，主廚小明大姐都做得出來。大姐的廚藝是來自婆婆與母親，還有自己的天賦，曾經有不少台灣五星級飯店的大廚專程來店裡品嚐，甚至相互切磋與求教。她用濃重的金門閩南腔說，她都是憑感覺做菜，沒有食譜與祕訣；還透露她很喜歡跳交際舞、打四色牌。也許就是這爽朗愛玩的個性，讓她的廚藝很豪邁即興，卻很有在地風味。

王阿婆小吃店　金門縣金沙鎮山后民俗村64號

想吃最道地的金門蚵仔麵線，建議來這裡品嚐。

目前由王阿婆的媳婦還有第三代掌廚，滿滿一碗石蚵，幾乎看不到麵線，清爽的調味，襯出蚵仔的鮮美原味。不過他們的蚵仔煎，可能是為了順應觀光客的口味，作法比較類似台灣本島，相形之下，小明的蚵仔煎較具在地特色。

吃完王阿婆的麵線，不妨順道逛逛周圍金門傳統閩南建築的聚落，我逛了王氏宗祠，抬頭看到樑上高懸的明朝匾額，有巡撫、翰林……王家歷史就這麼傳承下來，不禁讓人感受到一種無形的家族驕傲，難怪金門人不賣土地，過年一定回家鄉祭祖。

四月

清明・國曆四月四日或五日－穀雨・國曆四月二十日或廿一日

臭肉鮭・菜干・莧菜・番茄

臭肉鮭

還沒看到渴望已久的那盤菜，我已經聞到空氣中散發的一股濃重腥香。

看到這盤透紅腐肉、銀白碎魚皮與魚骨，襯著褐色肉汁的臭肉鮭，我舉起筷子，卻遲疑一下，留著絡腮鬍、一臉酷樣的花菜干餐廳老闆似笑非笑的看我一眼：「早就說過你們外地人不敢吃啦，你還要我拿出來。」

腥香曼妙臭肉鮭

我夾起一塊殘留一點油脂的魚肉，硬著頭皮送入口中，口腔頓時充滿難以形容的鹹臭香，卡在喉頭，不知是該強嚥下，還是吐出來。為了面子，我趕緊吞下一大口飯壓住這種突如其來的味道，不知道是不是跟米飯交融的關係，一種淡淡的甜味從咽喉裡迂迴而上。

我配著米飯，再吃一口，腥香氣不再那麼嗆人，竟有種飢餓快意，很想繼續扒幾大口飯，一邊咀嚼沾著臭肉鮭汁的花生，有股鹹甜交織的特別味道。

走過台灣各地，這是我最難忘的味道。濃烈的味道，彷彿代表澎湖真正的個

廉價又營養的臭肉魚醃成臭肉鮭，是澎湖老一輩居民過冬的重要食材。

性，一種與大自然共存，用歲月累積、層次複雜的生命厚度。

這道觀光客吃不到的澎湖魚露臭肉鮭，是澎湖人的私房菜。四月開始盛產的臭肉魚，產量佔全台九成以上，因為魚腥味重、容易腐敗，澎湖人取名臭肉魚，每公斤不到十二元，非常廉價，但是營養高，有高度不飽和脂肪酸，能促進血液循環、防止心肌梗塞等功效。

澎湖人不太吃新鮮臭肉魚，都是剖肚張開魚體，加鹽醃過，蒸熟之後曬成魚乾，從四月開始，許多漁村家家戶戶都在曬臭肉魚乾。或是以醬油燜燒方式，將魚肉燜煮到魚骨酥鬆，可以嚐到魚骨鬆軟口感與魚肉香甜的古早味。

但是最道地的方式，還是將新鮮魚肉抹上海鹽，放置在甕裡一個月，讓魚肉自然腐熟，成為「臭肉鮭」。這種醃製目的，是為了因應冬天東北季風過強，無法出海捕魚，藉著醃製物配飯過寒冬。

澎湖因為沒有山脈遮擋，冬天東北季風長驅直入，不僅無法出海捕魚，島上也只生產地瓜、花生、南瓜，沒有稻米，連蔬菜也不易生長。

清道光二十九年（一八四九）來台擔任儒學訓導的劉家謀，第一站先到澎湖，看到當地物產貧瘠，人民只以海藻、魚蝦與地瓜、小米煮成稀飯，稱為「糊塗粥」，一直到抵達被澎湖人稱為「神仙府」的台南府城，他才吃到米飯。劉家謀感慨之餘，寫下一首詩：「一碗糊塗粥共嘗，地瓜土豆且充腸。萍飄幸到神仙府，始識人間有稻粱。」

糊塗粥不糊塗，是澎湖人與天地共存的生活哲學。

封存海島鮮甜脆

「澎湖人其實是另一種型態的客家人。」花菜干餐廳老闆陳又新說，在地人都想辦法將夏秋過剩的海鮮與蔬菜醃製起來，儲存食物，才能順利度寒冬。

我們認識的都是碧海藍天的澎湖，吃著生猛活蹦的海鮮，用非常觀光客的態度遊澎湖，卻沒體驗過澎湖沉默的另一面，也許，這才是真正的澎湖。

雖然現在交通發達，貨源暢通，其實不需要再吃這麼多醃製物，但是老一輩的人還保有這種習慣，陳又新也花了好幾年蒐集澎湖老菜單，到處問長輩，或是跟客人討論，並重新學習古早味料理方式，讓塵封的記憶再度浮現。「我要找回屬於澎湖的東西，不只是好吃的菜上桌，更要呈現澎湖特色、歷史文化與生活背景。」他說。

像招牌菜花菜干，台灣本島花椰菜都是切成一朵朵來清炒，澎湖則是將這一朵朵花菜曬成乾存放，陳又新將花菜干、蔥花、辣椒與肉絲拌炒，口感非常甜脆。因為土地鹽分高、水分少，從十一月到四月盛產的高麗菜，又大又甜，也是澎湖的驕傲。澎湖人會將高麗菜乾與鮮魚一起清蒸，或是炒豬肉片。陳又新記得小時候種的高麗菜，最外層用來餵豬，第二層與花生一起蒸煮，自家人吃，最裡層、最值錢的高麗菜心則出售，他幾乎沒吃過最甜嫩的高麗菜心。

也許是有點心理補償的作用，陳又新把高麗菜乾當成寶貝，我們想參觀曬製過程，被他一口回絕，認為這是很私密的事情。隔天我們再來打探，在餐廳外頭亂逛時，意外發現老闆正彎腰幫高麗菜乾做日光浴。他回頭看到我們，有些不好意思，摸著頭憨笑起來，像個偷吃糖被抓到的孩子。

他還有一道拿手古早招牌菜，湖西鄉特產的蛤仔粽，這道料理作工繁複，逐漸失傳。得先敲開肥大的蛤仔殼，塞入蒸熟的米飯，用棉線綁好後蒸上兩小時，讓蛤仔鮮味與飯香融合，打開之後就是最道地的澎湖滋味。

蛤仔粽是澎湖人清明掃墓的特有祭品，拜拜之後再將吃完的蛤殼丟散在墳墓四周，張詠捷在《食物戀》中說，這些白亮亮的蛤殼，被澎湖人當成給祖先的白銀，或是留給祖先當碗用，也可能是子孫回來相認的證據，不論原因為何，都對祖先懷著深深敬意。

莧菜

許多澎湖古早味因為年代久遠而失傳，連澎湖人本身也逐漸喪失對土地的記憶。我到花菜干廚房搜尋還有沒有吃到的好料，和從台中嫁來澎湖的老闆娘閒聊，她原本不能理解先生這麼瘋狂的蒐集老菜單的行徑，更別說還經常開著貨車到海邊撿拾被丟棄的老東西、老餐具，後來因為愛上了澎湖，她也迷上這種拾取逝去時光的事情。

我不經意問到澎湖人以前坐月子吃什麼進補，「吃麻油雞嗎？」老闆娘搖搖頭：「吃了雞就沒有雞蛋。」

簡短的回答卻讓我差點流下淚來。「那吃什麼補身體？」

「吃顧氣管的麥芽糖蒸蛋。」

在澎湖，每樣東西都曾是這麼的被珍惜，哪怕一顆雞蛋，也是彌足珍貴。

莧菜味美正騷騷

澎湖有一種快失傳、用鹽醃製的「鹽菜」，通常是將莧菜、大頭菜加鹽之後封存在甕裡，等到冬天再取出配飯吃。清光緒五年（一八七九）的《澎湖廳志》就記載過這種常民蔬菜，顯示耐高熱、生長只需二十天的莧菜，也能在澎湖島上生存。

農曆「三月莧」當令，宋代藥學家蘇頌在《本草圖經》認為莧菜葉太嫩，不能

菜宅是澎湖特有的農田景觀，為了抵擋當地強勁的風勢，
以硓砧石層層疊疊圍成栽種作物的園圃。

醃製，但是根莖卻能成漬物，書上寫：「根莖亦可糟藏，食之甚美，味辛。」

在台灣本島，莧菜多麼平凡可見，但是澎湖人卻還得當成鹽菜保存，他們吃的鹽莧菜，也許就是醃莧菜梗，讓我想起民初大文豪周作人的文章〈莧菜梗〉，他形容吃莧菜梗有種舊雨之感，因為這種平民食物可以食貧、習苦，也有清淡滋味。

莧菜又名荇菜，是最常民與最有歷史感的蔬菜。早在兩千年前詩經〈關雎〉就有莧菜的身影：「參差荇菜，左右流之。參差荇菜，左右采之。」現在用閩南語講荇菜兩字，發音跟詩經相同，一把荇菜就輕易將兩千年的常民文化連結起來。

在〈關雎〉這個浪漫詩篇中，描述身形姣好的少女在河邊採荇菜，窈窕倩影深深烙印在男子心上，難以磨滅。我的莧菜經驗中，卻是縈繞農人的辛勞背影。

記得有一年去莧菜大本營雲林二崙鄉探訪，想了解農民用蠶絲網覆蓋莧菜的特色，因為蠶絲網可以防風，讓耐熱卻怕低溫的莧菜，在天冷時有條蠶絲被可蓋。蠶絲被的形容看來浪漫可愛，價格可不便宜，每零點一公頃就要二萬元，農人也要早晚巡視，像照顧嬰孩般勞心勞力。

中午到農家用餐，只見他們先用蒜末爆香，再與燙過的紅莧菜同煮，勾個芡，一碗莧菜羹就上桌了，農人直說：「歹勢，粗菜。」在地的純樸熱情，就像那抹留在飯上的莧菜紅，讓我始終難忘。

莧菜有清血補血的解毒功能，平凡的莧菜羹，還引發文人的浪漫情懷。

宋代文人方岳在〈次韻羹莧〉寫著：「脫粟（糙米）飯香供野莧，荷鋤人飽捻霜毛（老人的白鬚），見說能醫射工毒（一種含沙射影的毒蟲），人間此物正騷騷。」莧菜騷騷，撩撥詩人食欲渴望，無非是追求生命的感動。在鄉下，只要春雨潤澤後，或是七八月颱風過後，野莧就成群結隊從田間冒出，頭頂嫩芽如星點遍佈，農人多半會摘取野莧嫩芽回家加菜。台灣作家、在屏東新埤耕讀的陳冠學，在《田園之秋》就描述：「近午出去割草，見到一處野地，生滿了刺莧和鳥莧，忽強烈地渴想吃一盤野莧羹。」

除了在野地蓬勃茂盛，颱風過後，不需熱身就能快速茁壯的莧菜，也是農人迅速復耕，支援全台蔬菜需求的王牌救援投手。西方也將莧菜視為一種生命力的永恆象徵，莧菜英文Amaranth，亦即不凋花，《伊索寓言》就有玫瑰與莧菜的對話，比喻短暫與永恆的美麗。

番茄

爆漿玫瑰小番茄

四月場景從雲林二崙轉到沿海的口湖鄉。

同樣是深耕土地的一抹浪漫紅，口湖四月盛產的小番茄，卻非短命紅顏，而是扎根十年才有的歡顏。這個取名玫瑰番茄的浪漫小果，令人難以相信是來自驕陽、海水與泥沼圍繞的雲林口湖，惡劣環境造成土地鹽化、土壤貧瘠。以《汪洋中的一條船》讓人熟知的小兒痲痺作家鄭豐喜，家鄉就在口湖。

創造玫瑰番茄的阿水，原本是失業返鄉的失意人，在離北港溪出海口一公里，一塊地層下陷、土地鹽分過高導致耕種不易，又經常淹水的惡地，試圖找尋自己的春天。他選擇種溫室番茄，為了讓土壤回復養分，他將海灘撿拾的蚵殼用石頭敲成細粉，混入發酵液，加在土裡，讓土壤滋養活化，再用六、七年時間等待土壤甦醒。

戀愛需要時間的考驗，跟淪喪的土地談戀愛，需要更多考驗。許多鄉民的不看好，甚至言語的譏諷，加上天災頻傳，讓年少輕狂過的叛逆阿水，更咬緊牙關，要證明自己走的路是對的。

沒想到春天真的來了，略帶鹽分的土質，以及溫室種植帶來的日夜溫差，還有改良土壤的技術，讓種植出來的小果番茄甜度從一般的十度拉抬到十三度，從惡土再生的果樹，也展現強悍韌性，因為體質強健，摘採時需要用點力才能摘下，但是又得小心翼翼，防止嬌嫩外皮破損。

還記得我當初在朋友家吃到這種外皮略帶紫紅色澤的小番茄，朋友提醒，這種番茄果肉特別飽滿，有裂痕容易迸出一道傷口，減損風味，所以要吃之前才洗乾淨，入口後再順口把蒂頭拔掉。我一嚐，汁液在口中爆發，酸甜口感扎實飽滿，彷彿要將土壤蘊藏的力量傾瀉而出，而且蒂頭縫還帶點大果番茄「黑柿子種」的清香。

朋友接著拿出剝皮後的小番茄，沾上用麥芽與冰糖熬成的蜜汁，酸甜交織，蜜汁也激發更順爽的酸氣，加上去皮的口感更柔潤，小小番茄竟讓味覺產生些微的戀愛歡愉。

最鹹的土地長出最甘甜細緻的玫瑰小番茄，這是上天賜予人們與大地相戀的戀愛果實。

橙蜜番茄正芳華

除了玫瑰小番茄的盛宴，遠在美濃的橙蜜小番茄，也在四月展現動人韻味。

記得去探訪美濃作家、美濃客家精神象徵鍾理和的兒子鍾鐵民，退休的鍾老師穿著短褲迎接我們到訪，並端上一盤橙黃色的小番茄招待，番茄像春陽般的動人顏色引起我注意，一口咬下，皮薄肉嫩，汁液飽和沁甜，還帶一點橙香餘韻。我一時貪吃分神，老師的話聽得零零落落，滿腦子只想知道這個豔果來自何方？鍾老師大概看出我的心思，說這是美濃近年來的特產橙蜜番茄，因為產量少，供不應求，我聽完又趕緊多塞幾口。

好山好水孕育的橙蜜番茄，充分展現美濃的風土芳華。這個品種是台南區農業試驗所培育而成，被從外地移民來此十多年的張振明引進推廣，由於美濃白天的陽光充足，晝夜溫差大，讓番茄能儲存甜分，加上美濃人勤奮的田間管理，讓橙蜜番茄綻放獨特口感與香氣。

住在美濃田野間的民宿，深夜聽著蛙鳴蟲聲，我閱讀鍾理和散文〈我的書齋〉，內容寫著：「田野像一片綠色的海洋。如果碰在農忙時期，則一面儘是繁忙地蠕動著的灰色點子。他們在翻掘大地，給人類找尋生命的養料，那景象緊張，但是和平、勤奮，而且快樂。」

橙蜜番茄的口感，彷彿就在傳遞美濃和平、勤奮與快樂的能量。記得四月清晨六點多，在美濃騎單車閒逛，發現這裡地平線無比遼闊，沒有高大建築物遮蔽視線，跟十年前我來此的景象幾乎沒有差異。

而且看到許多農民在三合院的曬穀場曬花生，或是在田間整地，彎腰勞作的身影，跟秧苗、大樹、白鷺、水田、美濃山，以及如絲帶飄盪的白雲，定格成畫。

鍾鐵民認為父親筆下的美濃，跟他現在觀察到的美濃，幾乎未曾改變，維持原有的農村風貌，以及寧靜安詳的氣息，甚至還有一種樂觀的量能。「父親也是樂觀的人，否則撐不下去，生活雖然辛苦，卻充滿期待。」鍾鐵民說。

因為橙蜜小番茄的出現，讓人開始期待，每年十一月到隔年四月的盛產期，橙豔春陽再訪美濃的時刻。

南部特產柑子蜜

跟玫瑰、橙蜜這兩種充滿豐富生命滋味的番茄新秀相比，日治時期被日本人引進蔬果兩用的大果番茄，則傳承特有的歷史文化風格。

大果番茄被北部人稱為「臭柿仔」，南部人沿襲昔日番茄俗稱依舊叫柑子蜜。比起臭柿仔，柑子蜜有著浪漫甜蜜的想像，而且南部人的番茄切盤，要拌上醬油膏、甘草粉、薑末與糖調成的醬汁，甜鹹香辣，讓柑子蜜瀰漫獨特的悠長滋味。

北部人看到這種黑黑的醬汁，大概就退避三舍，很難理解南部人的講究，而且不同地區、不同家的醬汁比例，巧妙也各有不同。

台南最有名的番茄切盤，就數孔廟旁、府前路上有六十年歷史的莉莉冰果店。但是讓我最意外的，是付帳時看到老闆李文雄正在閱讀台灣文學史，他找完零錢，又繼續專心看書，全台灣會閱讀文學史的水果行老闆，大概就只有他吧。後來跟台南朋友打聽，才知道現年六十出頭的李老闆長期支持藝文，獨立發行四千份、已有七十二期的免費社區刊物《莉莉水果有約》月刊，自編自寫自拍，介紹當季水果跟台南文史，我看到的內容是他以美學經濟的角度，探討台南地方法院建築可以保存為法院博物館，重新創造新價值。

甚至《莉莉水果有約》月刊創刊號主題就是介紹番茄，也許是柑子蜜醬汁吃多了，還是感染了番茄的熱情，李老闆有如綠皮黑柿番茄的暱稱「一點紅」，始終醞釀溫熱摯誠的心意。

在春夏交替之際，寒氣逐漸遠颺，清明與穀雨的氣候越來越穩定，準備迎接立夏的到來，澎湖的漁產、莧菜羹的清香，以及番茄的甜蜜，都訴說四月的美好。

花菜干

蛤仔粽

私房推薦

花菜干人文懷舊餐館　澎湖縣馬公市東文里4-2號　06-9216245

花菜干、蛤仔粽滋味很特別，小管煎蛋、黃豆石蚵也是讓澎湖人懷念的古早味，菜單上沒有的臭肉鮭，請鼓起勇氣試試看！

這裡的空間擺設、磁磚與碗盤極富澎湖特色，全是老闆陳又新辛苦蒐集得來，連房子都是他自己蓋的。澎湖人拆老屋蓋新房時，都會丟棄磁磚、家具，陳老闆就開著貨車到處去撿寶。餐館門口停著老摩托車、老腳踏車，外牆鑲著水果、花朵圖案的磁磚，古早又細膩，室內還有彩繪門神的大門當裝飾。跟時下流行的懷舊餐廳的最大差異，就是這裡蘊含無盡的澎湖在地老故事，留著大鬍子的老闆也酷酷的很有個性。

莉莉冰果室　台南市府前路一段199號　06-2137522

位在台南孔廟附近，當令水果拼盤跟新鮮果汁都很讚，當然最不能錯過的就是番茄切盤，記得看看還有沒有《莉莉水果有約》月刊，可以收藏當紀念。莉莉隔壁是有名的福記肉圓，可以順道吃點心。

五月

立夏・國曆五月五日或六日｜小滿・國曆五月廿一日或廿二日

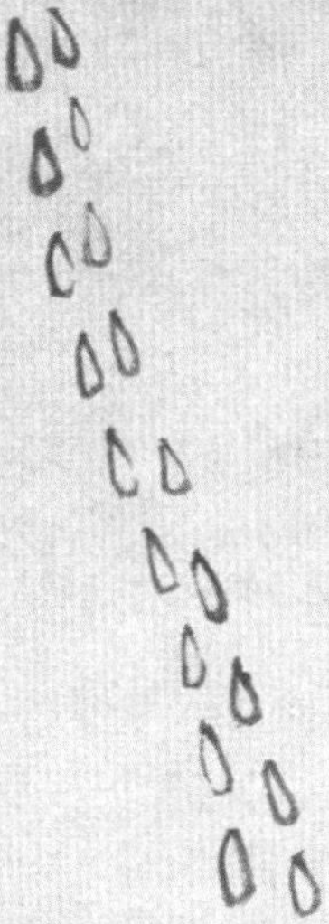

蕹菜・佛手・魚麵・黃魚・
石狗公・地瓜餃

五月立夏，揮別春天，迎來夏季豔陽。

春夏之際，仍是涼意與燠熱交疊，細雨與豔陽輪替的複雜天氣。對農人來說，立夏作物開始茂盛，但是對旅人來說，立夏天候仍雲迷輕寒。在當代詩人綠蒂眼中，立夏也是「帶點潮溼的風景／是乾旱中清涼的顧盼」。

此時最適合吃空心菜，農諺說「四月蕹」，俗名空心菜的蕹菜，屬於半水生植物，和能耐高溫的莧菜一樣，都是夏季少數爽口、促進食欲的葉綠素蔬菜。尤其在颱風季節過後，生命力強的蕹菜能迅速成長，三週內就可上市，維持菜農生計。俗話說：「晴天的莧菜，雨天的蕹菜」，正代表蕹菜能在風風雨雨中愉悅地成長。

平凡蕹菜有種非凡魅力，在旱地跟水邊都能生長，消暑還能解毒，自古以來就被文人歌詠，晉朝嵇含在《南方草木狀》形容是「南方之奇蔬」，清朝屈大均則說是「仙人綠玉蔬」，民初的章太炎更以吃空心菜避暑，「幾乎不可一日無此君」。

在台灣，空心菜是融入日常生活、最謙虛守本分的平民食物，搭配任何肉類清炒，都不會搶味，家常菜或路邊攤，一定都有這道菜。閩南語俗諺說：「食無

蕹菜

三把蕹菜，著想欲上西天」，就是勸人不要好高騖遠。

空心菜的爽脆口感，來自莖中空的特色。有個古老傳說，商朝忠臣比干被紂王刨了心之後，失魂落魄走在路上，被化身成賣空心菜老婦的叫賣聲吸引。

「這種菜沒有心還能活嗎？」比干問。

老婦回答：「大人您沒有心，也一樣能活啊？」比干才知自己沒了心，倒地而死。

每逢五月，我總會想起空心菜，尤其是在略帶涼意的霧鎖之島——馬祖的空心菜，那翠綠水靈的身姿，早就偷走了我的心。

旱地奇蔬脆又勁

晚餐是馬祖朋友的盛情招待，除了海鮮盛宴，還有十多瓶寶特瓶裝的豔紅色馬祖老酒。酒酣耳熱之際，老闆端來一盤顏色深綠、葉梗粗大的炒空心菜，在馬祖的餐桌難得有青綠色蔬菜，我好奇嚐了一口，口感非常扎實有嚼勁，不禁驚呼：「沒吃過這麼清脆有勁的空心菜。」一同來的台灣朋友，看我開心的模樣，紛紛舉筷，空心菜馬上一掃而空，接著要求再炒一盤。

當地人說，馬祖氣溫比台灣低五度，東北季風吹襲下，土壤鹽化貧瘠，很難長出作物，尤其綠葉蔬菜更是稀少。我想，在這個惡劣環境能冒出頭的作物，都是歷經千辛萬苦的掙扎，生命特別扎實，甚至連石壁夾縫都能長出高麗菜。

長在多風、溼氣重的鹽化旱地，默默咬牙奮力成長的空心菜，就是少數能在馬祖生長的瘠地奇蔬，特殊的清脆咬勁，讓我彷彿吃到馬祖的生命韌性。

隔天去菜園走走，看到一個婆婆正在摘空心菜，我蹲在一旁閒聊，她說馬祖很多果菜都是從台灣或大陸進口的，這裡能長什麼就吃什麼，空心菜不需要花費力氣照顧，很容易採收。

荒地無情，作物有情，每次到馬祖，我一定必點當地產的空心菜，因為那股脆勁口感實在太特別太難忘了。

泉水蕹菜比溫柔

相對馬祖離島，南投名間與宜蘭礁溪兩地的水生空心菜，由於種植方式特別，加上細心照料，莖葉口感特嫩，炒過也不易變黑，是立夏值得一品的本島當令蔬菜。

跟一般旱地種蕹菜不同，水蕹菜有淺水與深水栽培兩種方式，淺水式是將苗株種在水田或積水低窪地，保持水深五至十公分。深水式則用細竹竿紮成方形框架，將幼苗嵌在細竹中間，放入水中，浮在水面，再固定於岸邊，避免漂流。

在宜蘭礁溪以泉水滋養與農人細心栽種的水生空心菜，是台灣奇蔬。

「南人編葦為筏，作小孔，浮於水上。種子於水中，則如萍。及長，莖葉皆出於葦筏孔子，隨水上下。」這是嵇含在《南方草木狀》描述空心菜的種植方法，跟現代培育水蕹菜的方式幾乎相同。

我到全台唯一以冷泉水蕹菜種植聞名的名間鄉新街村參觀，這裡在日治時期就以冷泉開闢公共澡堂、游泳池與種空心菜聞名，但是澡堂與泳池早已拆除，只剩四處綠油油的水蕹菜田。

我看到一處水蕹菜田排列特別整齊、顏色特別翠綠茁壯，不禁拿起相機拍照，一個阿伯走近，原來這塊田是他的。跟他聊了一下，阿伯說均溫在攝氏二十一度的冷泉營養充足，但還是要細心照顧，除了靠冷泉跟陽光之外，還得在水源頭用鐵絲網攔截福壽螺，才能防止這個天敵侵襲細嫩的水蕹菜。有時他會騎機車載空心菜到村裡的朝聖宮前販售，有時跑去彰南路一帶賣菜，神出鬼沒，因為得經常回田裡照顧這些寶貝。「我的水蕹菜絕對又美又脆又多汁。」種水蕹菜四十多年的阿伯說。

宜蘭礁溪，擁有溫泉美景，也有溫柔蕹菜。

昔日吳沙墾殖蘭陽時，在湧出溫泉的礁溪興建防禦工事，因此礁溪古稱「湯圍」，也是台灣少見的平地溫泉，清道光年間擔任噶瑪蘭通判的烏竹芳，為了推廣蘭陽風光，撰寫《蘭陽八景詩》，其中礁溪就以湯圍溫泉聞名：「泉流瀉出半清湍，獨有湯圍水異香。是否天工鑪火後，浴盆把住不驚寒。」

大自然的天工與異香，讓礁溪用攝氏二十八度的碳酸溫泉澆灌的空心菜，擁有獨特口感。不同於一般空心菜是整株採收，礁溪空心菜只割去地上莖葉，讓根部繼續生長，身材比一般空心菜長，而且莖粗葉大，中空的莖梗又寬又圓，只要清炒或是汆燙一下，就能吃到纖維的幼嫩。

五月節氣除了象徵夏季來臨的立夏，還有代表穀物開始結穗、豐收有望的小滿。古人說：「四月中，小滿者，物至於此，小得盈滿。」作家董橋寫過一篇文章，提到有個長輩被稱為小滿先生，住家取為「小滿山館」，因為要時時提醒自己，學問只是稍得盈滿而未熟，要多用功，多學與謙卑。

小滿的意涵不就像極了空心菜嗎？虛心接納風雨澆灌，謙卑的與各種食材搭配，相得益彰。

手感慢食馬祖島

馬祖空心菜的滋味，也開啟我五月到馬祖探尋當令食材，那是不同於台灣本島風格的手感慢食之旅。

出發前，馬祖因為霧重，能見度低，松山機場關閉了好幾天，接待的朋友事前一直建議改搭船，但我們一行人還是想賭賭看，還好只等了四個小時，機場突然開放，也順利候補到機位。沒想到抵達馬祖南竿、出關之後，機場又再度關閉，而且這一關就是五天。

突來的「幸運」暗示這趟旅程可能會有不少驚喜，才剛暗自竊喜，走在南竿昔日最熱鬧的街上，如今因撤軍而沉寂蕭條，街上空無一人，不禁有點後悔。

我們走進一家賣剉冰的雜貨店，四個起碼有七十歲的婆婆，正在打四色牌。時間靜止在這小小空間。她們手上拿著牌，雙眼微閉，彷彿陷入沉思，絲毫不受我們這些外人闖入的影響，停了半晌，才有人緩緩丟出一張牌。我看到四個婆婆頭上整齊漂亮的髮髻，髮髻有圓有方，髮簪的小花又豔又雅，不禁拿起相機拍照，然後悄悄退出。

她們還是維持不變的姿勢。

傍晚，我們在南竿西南隅的津沙村海邊閒晃，原名金沙的津沙村，因為太陽照耀沙灘閃閃如金得名。這個曾是千人聚落的村莊，現在只剩百人居住，但仍維持傳統花崗石頭屋的風貌。

一個戴斗笠、穿藍衫黑褲的婆婆，右手撐枴杖，左手提竹簍，緩步走到海邊。

我問她要做什麼，她微微一笑，用濃重的福州話回答，到海邊岩石縫隙採一些貝類當晚餐。

我們也開始爬上岩石找晚餐加菜的食材。移居到嘉義、專程來導覽的馬祖朋友李小石，開心之餘，索性脫掉上衣，穿著長褲跳到海裡游泳。

沒多久，遠處突然出現一個小點，過陣子發現竟是一艘小船緩緩駛近。靠近沙灘時，小舟跳下兩位七、八十歲的老伯，矯捷地將船抬上沙灘，兩個原本在旁察看的海巡署士兵也前來幫忙。

我們跟著這兩位阿伯將魚簍扛回家，原來他們是叔姪，每天早晨固定出海放置漁網，中午與傍晚再出海收網取魚。由於馬祖人已不太捕魚了，都是利用夜間在海上跟大陸人買魚。津沙村只剩這兩位阿伯出海捕魚，海巡署還專為這兩個阿伯設置哨所，否則津沙海灘早就沒有漁船出海，與其說監督，不如說是幫忙拉船上岸。

兩個阿伯的生活方式令人好奇，「為什麼不直接跟大陸漁民買魚就好，何必這麼累？」他們不能理解這個問題，只淡淡回答，出海捕魚就是他們的生活，買魚就不是漁民了。

他們黝黑斑駁的面容跟皺紋，以及抬船上岸的專注神情，很貼切海明威在《老人與海》對老漁夫的形容：「除了眼睛，他一切全是老的，眼睛和海水同顏色，愉快又倔強。」

佛手

佛手當令魚麵有勁

我們當場買了兩尾大魚，加上剛剛採下的一袋貝類，為今晚加菜。其中從岩石縫隙採集、有怪異手掌造型的佛手，是馬祖人最愛的下酒菜，春夏交替之際正當令。佛手用薑、老酒與糖清蒸，剝去詭異外殼，啃咬嫩紅貝肉，質地柔細，汁液帶點海水鹹氣，也可用紅糟醬沾食，醜陋外形也有高雅內在，吃了真的會上癮。

後來讀到西班牙小說家阿慕德娜・葛蘭黛絲的《露露》，書上提到歐洲稀有的高級貝類龜足，原來就是馬祖佛手。西班牙料理龜足的方式，是簡單的只用鹽水煮食，有人形容如龍蝦腳肉的Q滑，蟹肉的甜美。

這道西班牙的豪華料理，因為得利用退潮冒險到礁石上採摘，得來不易，在馬祖卻是非常家常的菜餚，只要帶個臉盆就能摘取，真是太「親民」了！

嚮導李小石大哥說，馬祖手工製作的料理，如果是為了經濟壓力而大量生產，那就完了，因為不疾不徐，慢慢做才有這些獨特美食。

以魚麵為例，這是傳統馬祖在農曆年利用當令漁獲製成的食材，例如海鰻、加鈉魚與鮸魚打成魚漿，再配上不同比例的太白粉攪拌均勻，切成一片片，放到瓦斯爐或烤箱烘烤兩分鐘，放涼後壓切成麵條，再放到太陽下曬三天，就能保存很久。

對資源有限的馬祖人來說，魚麵或是用紅糟醃肉、醃海鰻，都是用來保存食物

魚麵

的方式。魚麵製作更費時費工，只有利用東北季風吹襲、無法出海的過年期間，動員全家大小才能完成，否則耗費的時間還不如去捕魚或種田。

保存食物的工序繁複，料理方式也不馬虎。好吃的魚麵關鍵在於魚肉品質跟太白粉的比例，不僅沒有魚腥味，口感更有嚼勁，煮湯、炒麵都適合，放在火鍋中煮也不會軟爛。我吃過的兩家魚麵料理各有巧妙，都是自己親自用手工製成，連魚肉與太白粉、地瓜粉的比例，也有獨到祕方。

一個是北竿芹壁地中海民宿主人陳功漢的私房手藝，他的炒魚麵得先預定，先用蛤蜊、牡蠣與瘦肉，和魚麵拌炒出鮮度，再放入鹽、蠔油、洋蔥與高麗菜，魚麵料理特別鮮甜。

另一個是在南竿鐵板聚落開雜貨店的劉香蓮大姐，方式更繁複，先將魚麵用熱水氽燙一下馬上浸泡冷水，維持口感的Q度，接著將木耳、蝦皮、紫菜、瘦肉、紅蘿蔔、洋蔥與芹菜爆香，放入魚麵拌炒，最後放一點肉醬、芝麻醬與沙茶醬提味，光是看到五顏六色的食材就覺得非常誘人，小小魚麵有如一場盛宴。

夢幻黃魚一口酥

斜風細雨中，我們在浪濤翻湧下登上只有一百人居住的東莒島。

風雨中，一位老阿伯一拐一拐走向海邊，暱稱船老大的嚮導搖下車窗：「又要

黃魚

出發了喔！」老人點頭微笑，繼續向前行。

這個七十多歲的阿伯，因為中風而行動不便，陸地一條蟲，卻是海上一條龍。他可以一手划槳，一手釣鱸魚，今天利用風雨浪大的機會，準備出海捕大魚。「他一輩子都在這裡打魚，知道魚在哪裡，流水怎麼走。」船老大說。沒多久，又遇到另一個阿伯要去潮間帶採蠑螺，他號稱東莒蠑螺冠軍，三小時就能在岩縫中採集一百斤。

嚮導鄭智新本身是個奇人，除了開民宿與導覽，每天下午一點半到六點獨自出海釣魚，一趟就能帶回數十斤的魚。儘管生活悠閒自在，他卻搖搖頭說：「唉，東莒什麼都沒有，只有海。」「老大啊，你們有了海，什麼都有了。」我說。因為這裡擁有的是城市人最欠缺的時間與空間。「對啊，大潮水來臨時，什麼海鮮都有。」船老大笑著說，大海就像天然冰箱，取之不竭用之不盡。

造就馬祖成為海鮮美食夢幻之島的關鍵，就是這片位在閩江口外、舟山群島西南端的海域，處於河海交會處，潮差大，漁獲豐富，自古就是福建人捕魚避風之處。

夢幻馬祖最夢幻的是野生黃魚，馬祖人稱「黃瓜」，清明節後、春夏之際最當令，因為馬祖豬肉少，黃魚多，將黃魚浸在老酒中蒸熟，成為馬祖人招待客人最有誠意的料理。

這個時節黃魚都會洄游到東引海域產卵，數量多到驚人，而且黃魚的鰾還會鳴叫，發出壺水沸騰的聲音，漁民都靠聽聲辨位捕黃魚，漁民回憶當時產量多到幾

石狗公

乎快把漁船壓沉。有人形容「黃瓜發也哭，沒發也哭」，漁民靠黃魚賺大錢，漁季結束後，就在賭桌上一夕之間賠光，空歡喜一場。

但是大陸漁船也會開來馬祖海域捕魚，甚至用炸魚手段，過度撈捕，造成現在幾乎已經沒有黃魚，徒然成為傳說中的美味。還好，類似黃魚口感的黃姑魚（體型較小，被稱為假黃魚），五月開始也在馬祖近海沿岸產卵，屬於當令美味，成為餐桌上新一代的老酒黃魚，多少彌補野生夢幻黃魚的遺憾。

我在船老大民宿餐廳吃到當令石狗公做成的一口酥，也是難得小品。

身長二十公分、淡紅色的石狗公，眼睛大，下顎長，長相滑稽。船老大釣到之後交給母親料理，裹上地瓜粉， 一次只下鍋三到五隻用小火油炸，放涼十分鐘之後再回鍋用小火炸，第三次則用大火油炸，炸到骨頭酥脆為止。

一口酥意思是一次一口吃一隻，在口中細細咀嚼魚身的酥脆，其中頭骨最脆最好吃，鰓邊的薄骨也不能放過。

小小東莒島，似乎人人都是全能食神，懂吃，找吃，更會料理。

黃金地瓜爆激情

我到南竿鐵板聚落吃幾位媽媽的手藝，馬祖當令最道地的甜點——黃金地瓜餃。鐵板名稱來自村港口的海床，退潮時會露出一大片像堅硬鐵板的暗紅色沉積

地瓜餃

岩。但好客的媽媽們可不是鐵板一塊，巧手讓黃金地瓜餃呈現馬祖的另種溫柔。

我擠在空間侷促的廚房，觀察媽媽們的料理方式，她們先將黃肉地瓜蒸成地瓜泥，與太白粉和在一起擀成餃皮，再細心的包上芝麻、花生、蔥與砂糖，捏成小巧飽滿的元寶形狀，接著下油鍋去炸，直到餃皮呈現金黃色、浮在油上就可以起鍋。

將一顆小巧輕盈的地瓜餃放在口中，咬破帶著地瓜香氣的餃皮後，一股融合砂糖、花生、芝麻與蔥香的炙熱糖膏瞬間流出，我喜歡這種突如其來的感覺，顧不得地瓜餃的燙口，我一口接一口：「好吃，好燙！」馬祖媽媽們笑咪咪的說：「這個作法是媽媽的媽媽傳授下來的，味道從未改變。」

地瓜餃也可以煮湯，小巧甜餃浮在清湯上，口感比較清淡溫婉，但少了高溫油炸，也失去糖膏在嘴裡爆發的激情。

由於每個媽媽傳承的地瓜餃比例配方不同，各家都有不同韻味。我到馬祖好幾趟，每回總是滿懷期望吃遍各家地瓜餃，發現一般觀光餐館的口感不如私房料理的細緻，也許是少了媽媽的味道。

印象最深刻的是牛角村「依嬤的店」，這是我吃過最好吃的地瓜餃。這家地瓜餃是鄰近社區媽媽的集體手藝，造型特別小巧細緻，卻又渾圓飽滿，Q度夠，即使放涼也好吃。

五月馬祖行，光是當令的空心菜與地瓜（十月到隔年六月都是黃肉地瓜產季）這麼平凡的食材，就讓人嘆為觀止，更不用說其他海產，加上手工細膩的魚麵與

馬祖北竿芹壁村的風景，宛如佇立地中海的石頭城。

老酒，一切都是用手工新鮮摘取，透過細膩料理呈現遺世獨立的海島滋味。這座恍如時光靜止的小島，就像一罈塵封已久的馬祖老酒，越陳越香，散發強悍與溫柔的韻味，有種趣味的張力。

強悍是對環境的生存韌性，溫柔是手感的細膩。這裡不用與時間競賽，沒有經濟理性的效率，雖然資源有限，反而對食材特別珍惜，才醞釀出時間與心意相乘的滋味。

記得離開馬祖前一夜，機場依舊關閉，馬祖朋友建議要有搭船的心理準備，我問要怎麼知道明天霧氣是否散去？

「有星星的話，隔天早上就沒有霧。」

我住在北竿芹壁村民宿裡，海潮音符整夜一波波拍打在靜謐房間的每個角落。我隨手在書櫃拿了保羅．索魯寫的《大洋洲的逍遙列島》，讀到一段撞擊腦海的話：「沒有人可以真正佔據一座島，在一座島上，被佔據的人是你。」

我探頭出去看看天空，星光滿天。隔天機場果然開放，我順利搭機返鄉。這趟旅程，從出發到返家都是驚喜。

在馬祖這個海角樂園，我彷彿擁有全世界的時間。

或者，其實不是我擁有，是我被馬祖擁有，被空心菜、魚麵與地瓜餃，還有五月初夏的回憶給滿滿佔據了。

老酒蒸黃魚

私房推薦

依嬤的店　馬祖南竿鄉復興村72-1號 0836-26125

他們的老酒蒸黃魚、地瓜餃、佛手、海鋼盔與竹蟶，都很新鮮，也很有在地風味。主人陳大姐非常熱情好客，廚藝也好，經常用老酒招待客人。跟陳大姐聊開了，可以聽到許多馬祖老故事，她的父親很會做菜，從小就在廚房觀摩見習的陳大姐，也耳濡目染學到一手好本領。父親用紅糟做的滷味，是她最津津樂道的父之味。

船老大民宿附設餐廳　馬祖莒光鄉東莒大坪村72號 0836-88022

嚐得到船老大母親的私房料理，像是炒花蛤、螺肉，甚至酥炸海葵……。除了最新鮮的海鮮，還有自家菜園的蔬菜，菜色看起來平凡，但是入口都是驚奇，記得要問船老大有沒有菜單之外的私房菜，才不虛此行！

地瓜餃

魚麵料理

石狗公一口酥

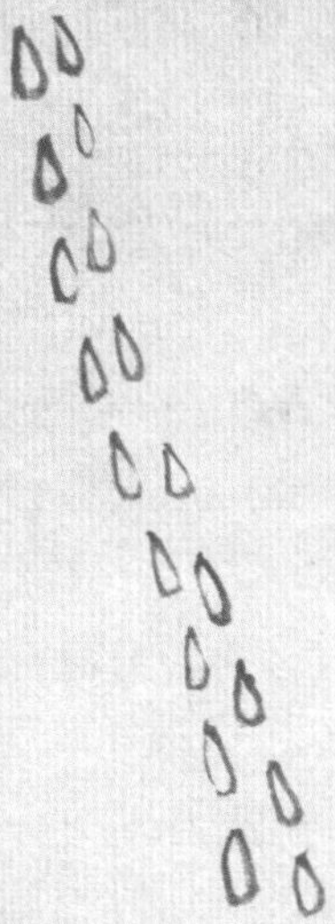

六月

芒種・國曆六月五日或六日—夏至・國曆六月廿一日或廿二日

芒果・鬼頭刀・綠竹筍

這個夏日最性感奔放的水果，我已魂縈夢繫了兩年。為了一親芳澤，我不惜飄洋過海，來到小琉球。

小琉球？沒錯！兩年前的七月我來小琉球一遊，聽當地朋友說，這裡生產的愛文芒果是台灣最好吃的芒果。我又驚又喜又疑，因為這個小島除了海鮮之外，根本沒有什麼物產，怎麼可能會有紅豔的愛文芒果，而且還比玉井的好吃？如果屬實，想必大有來頭。念頭正在打轉時，朋友說產季只到六月底，現在沒得吃了。當下我的心涼了半截。

難掩失望的心情，但至少還看到路上、民家後院的芒果樹，我們還到居高臨下的望海亭遠眺，遠方海域浮著一圈圈排列整齊、養殖海鱺的箱網，近海沿岸則是海草密佈、形成綠藍明豔交疊的海面。

朋友說這個馬尾藻形成的海藻密林，從十二月開始生長，一直到五月死亡，期間覆蓋整個潮間帶，是魚、蝦、蟹、貝類與海龜等海中生物產卵、覓食與棲息的空間。等到海藻自行脫落之後，或颱風過後被衝上岸邊，資源有限的鄉民，就撿拾海藻曬乾後磨成粉狀，製成芒果的肥料，沒想到竟意外出現奇蹟，有了海藻的滋潤，芒果甜度跟口感都不輸玉井芒果。

除了陽光更飽滿之外，也許小琉球芒果比本島陸生芒果更多了大海的氣息。大海的滋味是什麼？我帶著遺憾悵惘離去。

芒果

海藻滋潤芒果香

兩年後的六月，正是炎熱氣候發威的芒種節氣，也是農作物開始生長快速的時期，在俗稱「芒種夏至，檨仔（芒果）落蒂」的芒果產季，我又來到這個因大武山阻隔，讓東北季風吹襲不到、且陽光最盛的南台灣小島，滿腦子渴望著散發誘人體香、胴體圓潤的愛文。

豔陽下，我在路邊看到賣芒果的攤販，拿起在地芒果，有些失望，因為身形較嬌小，長相不如玉井的珠圓玉潤。賣芒果的阿婆說這是早上剛摘的「在欉黃」，我現場買了幾顆試吃，甜蜜多汁，纖維柔細，沙沙的口感，有種特別感受。內涵遠勝外表，果然不能以貌取果啊！

也許是因為大海的滋潤、硬頸的沙地鹽土，與遺世獨立的海島個性，讓小琉球芒果有種未被馴化的野性，能長在這個珊瑚礁島嶼的作物，還有獨特滋味，就是一個傳奇。

那幾天，吃了不少島上的芒果冰沙，簡單細緻，清清爽爽，但還是不如扒開果身，粗野地啃咬小巧輕盈的果肉，讓汁液在口中與手指流竄的過癮感覺。

余光中寫的〈芒果〉最傳神：「撲鼻的體香多誘人啊／還有豔紅而豐隆的體態／豈是畏妻的禁令所能抵擋／一刀偷偷地剖開／觸目的隱私赤裸得可怕／但一切已經太遲了／懷著外遇的心情，我一口／向最肥沃處咬下」。

夏季這個最冶豔性感的水果，滿足了我味蕾的放縱欲望，但最大的欲望，是感染芒果「生活在他方」的性格，這是南方獨有的瑰麗頹靡風格，尤其是在小琉球這個海水清澈、陽光豐沛的海島，看著無邊大海，吃著在地限時限量的芒果，更加快意。

法國的早慧詩人韓波說：「在富於詩意的夢幻想像中，周圍的生活是多麼平庸而死寂，真正的生活總是在他方。」

一顆芒果就能帶我們遠走高飛。在最熱情的地方吃最激情的水果，正是我在小琉球大啖芒果的心情寫照。

蓬萊醬裡活神仙

台灣的芒果身世也是帶著南洋神祕情懷，飄洋過海。大約是明朝嘉靖年間（西元一五六一年左右），荷蘭人將芒果引進台灣，在今天的台南六甲鄉栽種，慢慢擴散到各地。根據平埔族的發音，芒果被叫做檨仔，也就是現在台灣本土的土檨仔、土芒果。

檨仔引進的一百三十六年之後，此時台灣鄭氏王朝已經降清十三年，在福建任官的郁永河，跨過洶湧的黑水溝，從台南登陸，一路北上，要到北投採硫磺。他在《裨海紀遊》寫下這次的旅遊經歷跟見聞，也被稱為台灣第一位觀光客。

他也許是第一位嚐到芒果滋味的外地客，他沒見過這種長在大樹上、形如茄子，夏至成熟的芒果，品嚐之後，難以形容那種美好感受：「不是哀梨不是楂，酸香滋味似甜瓜。枇杷不見黃金果，番檨何勞向客誇。」遺憾的是，芒果因為保存不易，無法帶到大陸，郁永河只在台灣停留九個月就返鄉，終身未再來台，只能靠詩句咀嚼對芒果的美好記憶。

此後，從內地來台任官或遊歷的文人，也紛紛寫下對芒果讚嘆的詩篇。根據當時的記載，芒果「甘如蔗漿，而清芬遠過之」，乾隆年間來嘉義縣任官的謝金鑾形容更生動：「吮蜜含漿到口和」。

當時芒果除了鮮食，也能以鹽醃漬成「蓬萊

醬」（類似情人果），或是「切片曬乾，用糖拌蒸，名檨仔乾」（芒果乾），「或用鮮檨細切，用糖熬煮名檨子膏」（芒果醬）。

為了讓遠在北京的康熙皇帝也能一飽口福，一七一九年閩浙總督覺羅滿保、福建巡撫呂猶龍還輪番獻上芒果給六十五歲的康熙，因為還未到夏至的芒果產季，滿保在農曆三月底只能獻上芒果樹，但康熙不了解這種南方水果的奧妙，奏摺回批「不必再進」。

夏至一到，呂猶龍立刻將當令芒果、芒果乾與芒果醬裝瓶快遞奉上，還提醒「味甘微覺帶酸，其蜜浸與鹽浸者俱不及本來滋味」。也許是芒果不新鮮了，也可能是齒搖髮白的康熙吃不了這種帶勁的水果，他回批「知道了！番檨從來未見，故要看看，今已覽過，乃無用之物，再不必進。」

官員兩次獻殷勤都被澆冷水，台灣日後就沒有再進貢芒果（倒是西瓜成為祝壽賀禮），是我們運氣好，還是康熙無福消受？跟這個南方的國色天香無緣，外遇不成，讓台灣官員與百姓當個夏季活神仙，否則都像荔枝命運一樣，只有皇親國戚才能吃。後來的福建巡撫王凱泰就在一八七五年寫著：「島人豔說蓬萊醬，誰是蓬萊籍裏仙。」

這種嬌小、果肉薄、纖維較粗、容易塞牙縫的在來種土芒果，不只讓清朝文人神魂顛倒，化身為蓬萊神仙，連日治時期的在台日人也為之著迷，即使衣服濺上汁液也在所不惜，在總督府財務局工作的平井二郎，就寫下一首短歌：「吃著多汁的／芒果／簷廊上／初聽／晨蟬的鳴叫」，將夏日清晨、蟬鳴與吃芒果化為一幅靜美之畫。

如果清朝文人跟日治時代的日本人搭時光機到現代，嚐到愛文芒果的滋味，豈不更無法自拔？

愛文芒果奶蜜甜

五十六年前從美國佛羅里達州移植來台、口感更甜美飽滿、豔麗外形迷倒眾生的愛文，早已成為台灣人的最愛，甚至是日本Yahoo網站舉辦「世界芒果吃一吃、比一比」的票選冠軍。

愛文也非天生就是嬌生慣養，而是果農的努力，以及玉井自然環境的造就。玉井的日照充足，地質屬於鹼性土質的石灰岩，含有鈣質，顏色較淺白，也能反射日照，由於土壤貧瘠、排水容易，讓莖葉生長速度慢，也使得肥料養分集中在花果，孕育出愛文的獨特質地。

愛文剛引進台灣時，是在全台十一個地區推廣試種，但其他十個地區都實驗失敗，只有玉井的鄭罕池鏟掉甘蔗田，種新品種芒果的決心堅持下去，當初拿到的一百株母樹，在第三年只剩四棵，在眾人懷疑之下，第四年終於有一棵開花結果，經過不斷改良，克服寒害與病蟲害，終於讓玉井成為產量跟品種都是全國之冠的芒果之鄉，鄭罕池更贏得芒果教父美譽。

走到玉井青果市場，各式各樣的芒果品種像選美一樣，土芒果、愛文、凱特、金煌，琳瑯滿目，有如走進芒果大觀園般興奮。但我的目的地是找尋芒果乾達人賴永坤，追憶清代盛行的檨仔乾的滋味。

台大畢業的賴永坤，當初只是不希望果賤商農，為了平衡價格，決定收購小果農生產過剩或被風雨打落的芒果，再用芒果乾的技術來封存美好滋味。在他的工廠，不時會遇到果農騎車載一籃芒果來此，讓賴永坤秤重買下。

但可不要以為芒果乾像雜貨店裡桶裝的蜜餞一樣乾澀，或是死甜的味道，賴永坤的「蜜旺果」是他騎機車到處去收購在欉黃的現摘愛文芒果，然後趁鮮削皮、切片，用南靖糖廠的本土蔗糖進行糖漬，保存芒果甜味，再以六十度低溫烘烤兩天，讓十斤芒果烘焙出一斤的芒果乾精華。

打開芒果乾包裝，蜂蜜奶香撲鼻而來，軟韌的口感越嚼越有咬勁，彷彿芒果瞬間在口中甦醒，嚐到果農的心意，也嚐到賴永坤的細膩。

走進幾乎都是斜坡地形的芒果園，滿園的白色包裝袋緊裹芒果嬌軀，抬頭卻可見玉井盆地東郊的虎頭山，高傲姿態彷彿提醒人們，在一九一五年的虎頭山下曾發生日治時期最慘烈、影響最深遠的抗日事件。

昔日義士壯志未酬的烈血，卻成為芒果的悠遠清芬，讓玉井子弟延續先人的堅定鬥志，化劣地為沃土，寫下愛文傳奇，還能東渡日本，掀起一股夏日愛文熱潮。

不論什麼夏季水果，都是想透過味蕾保存最美好的記憶。我們吃果子莫忘了拜樹頭，不要忘記土芒果樹曾是南台灣重要象徵，植株高大的土芒果樹，能抗病蟲害又耐旱，也是綠色隧道的行道樹重要樹種。

就像作家劉克襄最期望在南部邂逅老檨仔欉，若能遇到一棵百年常綠、依然結出肥碩果實的老樹，嚐到濃郁芳香與膩人的甜味，會讓他很激動，成為那年夏天最感動的經驗。

我呢？吃到小琉球芒果的沙沙口感，就懷念起昔日跟著草屯外婆家的表哥，拿竹竿敲打鄰居芒果樹，打落滿地芒果卻來不及撿，被鄰居追出責罵「夭壽死囝仔」的童年歲月。

陽光從樹縫間灑落，蟬鳴聲中，一顆顆橢圓青綠的土檨仔靜靜躺在地上的午後，童年的我，根本不知道果實熟了沒有，味道是酸是甜？只是享受那種在鄉間奔跑撒野的興奮刺激感。

此刻，我口水又開始氾濫……原來芒果最誘人的滋味，不是甜如蜜、甘如漿，而是野性的味道，還有時間的味道啊。

海中飛虎鬼頭刀

如果說，夏季土壤孕育最熱情的芒果，夏天另一道遼闊深邃的巨流，則帶來更廣大的海洋生命力。

鬼頭刀

隨著氣溫的攀升，一條深藍色的洋流從南方赤道洶湧而來，這是俗稱黑潮的太平洋赤道洋流，經過菲律賓之後，沿台灣東海岸北上，承載著熱帶的溫暖與養分，和沿岸潮流交互作用，帶動海水底層有機物質，更夾帶大量洄游魚類拜訪東台灣。

花蓮出生的楊牧在〈海岸七疊〉這首詩歌詠黑潮：「在一個黑潮洶湧的海岸／我們尋到歇息生聚的地方……／有生命比陽光還亮，比白雪／清潔，比風雷勇敢。」

這是一條永不停歇的生命跑道，先是飛魚躍出，再來是獵捕飛魚的海上飛刀手──鬼頭刀神出鬼沒，不要看又叫「飛烏」的飛魚滑行姿態很好看，其實都在逃避被稱「飛烏虎」的鬼頭刀追擊，接著是更大型的掠食動物旗魚與鮪魚，緊追鬼頭刀在後。

東台灣的漁民，從宜蘭南方澳、台東成功鎮到綠島、蘭嶼，甚至台灣西岸黑潮支流上的東港與小琉球，都仰賴這條跑道上的漁獲維持生計。

飛魚、旗魚與鮪魚眾所皆知，飛魚卵與飛魚乾，旗魚魚丸、旗魚與鮪魚生魚片，都是從四月到六月的當令美食。唯獨鬼頭刀，可能沒聽過，沒吃過，甚至沒看過。也許是鬼頭刀其貌不揚，外形猙獰，但是鬼頭刀卻以外銷歐美的魚排聞名，光是成功鎮，鬼頭刀一年出口的產值就高達兩億。

我第一次見到鬼頭刀，是在南方澳漁市，身形超過一公尺、黃褐色流線型的窄扁身軀，銳利如一把刀，還有藍色斑點如燦星點綴其中，額頭隆起像海豚，青

南方澳漁市漁獲豐富，漁民、攤販與饕客穿梭其中，熱鬧有活力。

紫色背鰭，銀白色尾鰭如一把剪刀。它靜靜躺在地上，眼睛仍猙獰有神，我問魚販這是什麼魚，他說這是鬼頭刀，別看它長得醜，刺少肉嫩，全身上下都很好吃。

他說完後，刀起刀落，五刀就將一條一公尺多的大魚肢解的乾淨俐落，海上鬼見愁遇到人類還是沒轍，也顯示這個魚種少刺、好處理的特質。

走出漁市，吃了南方澳最出名的阿通伯飛虎魚丸，口感軟嫩綿密且沒有魚腥味，跟一般Q彈的魚丸很不同，才知道這就是鬼頭刀肉揉製而成，細緻滋味跟剛硬外形有很大反差。

但我對鬼頭刀獨特的形貌感到著迷，也忘不了牠的眼神。一個朋友告訴我，他曾在花蓮出海賞鯨，無意間看到幾條背鰭深藍、腹部黃色，游動快速的大魚，其中一隻游到賞鯨船附近，還好奇打量他，那一刻，他被這條美麗大魚給電到，難以忘懷當下的悸動。「船長說，那是鬼頭刀！」

另一次，也是去南方澳考察學生旅遊活動，他們正在學習做手工魚丸，我問在地承辦單位，這是鬼頭刀肉嗎？承辦人指著一旁躺在洗手台上的一條大魚，果然是鬼頭刀。這條昨天捕到的七公斤母魚，在陽光照射下，黃褐色的色彩格外鮮豔，我摸著魚身，幾乎沒有魚鱗。

老船長走過來跟我聊天，他曾捕過四十公斤的鬼頭刀，因為體型太過龐大，還得用鏢旗魚的鏢竿射魚才能解決這個對手。在我拜託下，他現場用菜刀剝皮切肉，用力一扯，魚皮輕易就與軀體分離，露出白中略帶粉紅的肉身，再用生魚片刀細細切成生魚片。我直接拿起來吃，不用沾芥末醬油，就能吃到細綿甘甜的肉質，果真跟老船長說的一樣，味道不輸紅魽。

到了小琉球，看到幾個阿婆將鬼頭刀對剖攤開，掛在鐵網上，原來在曬醃過的鬼頭刀，詢問之下，竟是準備用來包粽子，這是小琉球在端午節的獨特美食，鬼頭刀魚乾與花生、糯米包在一起，不知道是什麼滋味？

小琉球朋友說，早期漁民生活艱困，都是將鬼頭刀加鹽水入味曬乾，後來改用醬油、糖等調味料，將切成薄片的鬼頭刀醃漬而成。

以往鬼頭刀被當成雜魚，都是海上的船員將魚肉剁碎後與豬肉一起攪拌，再用酒與調味料醃上幾個小時，裹上地瓜粉放到油鍋炸來吃。另外一種是將釣鮪魚用的魚餌——魷魚曬乾之後，加上鬼頭刀魚乾與方形豬肉，滷成魷魚小封肉（類似東坡肉），口感很甘甜，是船長才享用得到的私房美食。

我在小琉球無緣吃到鬼頭刀肉粽，但是吃到了鬼頭刀魚乾炒飯，這是店家用醬油與糖，還有特製調味料醃過，曝曬一天之後而成，口感帶有臘肉的嚼勁，有

海島特有的粗獷氣息。

以出口鬼頭刀為主的成功鎮，料理方式就比較多元細緻。鎮上餐廳都有鬼頭刀料理，除了做成生魚片，酥炸鬼頭刀是用魚片裹上麵衣去炸，撒點胡椒就很有味道，魚頭可當砂鍋魚頭，魚蛋沙拉，魚骨熬湯，或是簡單的鹽燒、乾煎，就能嚐到鬼頭刀外剛內柔的特色。

一直談鬼頭刀料理，似乎淪為口腹之欲的海鮮文化，其實鬼頭刀在黑潮海洋文化有特別的精神象徵。曾在南方澳跟漁夫閒聊，他們對鬼頭刀帶有一點敬意，他們說很少釣到雄鬼頭刀，雄魚額頭模樣更像一把斧頭，海中爆發力更強，不只鬼頭刀追捕飛魚的身影矯健如獵豹，連他們釣鬼頭刀都像在搏鬥。

對釣客跟漁民來說，這種搏鬥是男子漢的競逐。蘭嶼海洋作家夏曼・藍波安在《冷海情深》描寫達悟族男人在飛魚季不只捕飛魚，也釣鬼頭刀，沒釣到鬼頭刀是可恥的行為：「我還想體會被鬼頭刀魚拉著船穿破浪頭的快感，就像過去我們釣到大魚的時候，牠們讓我們興奮得血脈賁張，那股難以言喻的瞬間感觸，是我仍想出海的原始動機。」

但鬼頭刀最讓人動容的，卻是浪子情深。不少漁夫都觀察到，鬼頭刀在追獵飛魚時，雄魚會讓雌魚先捕食，即使雄魚先捕到，也會讓給雌魚吃，如果是漁夫釣到鬼頭刀，上鉤的大半都是雌魚，但雄魚會緊挨在一旁，一同翻騰掙扎。

曾是漁夫的花蓮海洋作家廖鴻基，在《討海人》一書就描寫這個經驗，他拉扯中鉤的母魚，雄魚卻緊緊貼身陪伴，直到最後一刻：「那親密的距離彷彿是在耳邊叮嚀，在耳邊安慰。尤其當我看到那公魚的眼神，不再是記憶中的倨傲從容，而是無限的悲傷、痛苦或者柔情。」

看了令人動容落淚，萬物有情，即使面對盤中鮮，也要有江湖道義，認真對待這個可敬的對手。

鬼頭刀除了做成魚排賺取外匯，在台灣常被視為廉價下等魚，其實相對數量日漸稀少、價格炒作的黑鮪魚，鬼頭刀的價值更值得重視，未來，期待有更具創意且細膩的鬼頭刀料理，更多關於鬼頭刀的故事。

知竹常樂綠竹筍

清晨，我跟著三峽五寮村的筍王賴夫達穿梭竹林中，他東看西看，看到一處土壤些微溼潤，拿起鐽子開始低頭細心掘土，一會兒一根長得像牛角的綠竹筍破土而出，摸起來冰涼沁心，把泥土略擦拭之後還滲出細密水珠。「找竹筍需要細心跟耐心，這是一種修心養性的過程，心要很沉靜。」賴夫達聲音慢條斯理。

陽光來了，光線從竹林縫隙中透出，微風吹過，竹枝顫抖，落葉沙沙作響，如歌輕吟。看著賴夫達彎腰掘筍的背影，眼前猶如一幅畫，像鄭板橋在一幅「墨竹圖」中的題字一樣：「江館清秋，晨起看竹，煙光日影露氣，皆浮動於疏枝密葉之間。」

綠竹筍

中午在賴大哥家裡用餐，主角就是剛甦醒的綠竹筍，生吃就像梨子汁多清甜，難怪三峽五寮的綠竹筍叫「梨子筍」。另一道是將綠竹筍切絲，拌上先燙熟後放涼的青椒絲，再淋上一點客家桔醬，滋味很清爽，由於五寮幾乎都是客家人，這道菜有些許客家風味。

六月是綠竹筍大出的月份，台北的三峽「梨子筍」、五股「綠寶石」、八里「黃金筍」與台南關廟綠竹筍都是主要產地。然而海拔四百公尺的三峽五寮土壤特別肥沃，加上午後雷陣雨多，山泉水清甜、水分充足，讓梨子筍更細嫩多汁，經常拿到北部綠竹筍比賽的冠軍，甚至連五寮國小都以大型綠竹筍為造型，模樣非常可愛，看到五寮國小，就知道筍鄉到了。

我抬頭一看，賴大哥家狹小的客廳牆上掛滿各種匾額。他的父親得過神農獎，他繼承父親的衣鉢，種出甜度高達五到七度的冠軍綠竹筍（一般紅甘蔗大約十二度），因為曾當過工廠廠長，讓他工作更嚴謹細心，每天清晨三點就出門培土，用泥土覆蓋防止筍的芽尖因為光合作用而變苦，再施以雜草、黃豆、豆餅與牛奶製成的有機肥，讓竹筍風味更特別。

產季來臨時，他清早挖完筍，中午還得到五寮國小外的市集銷售，工作雖然辛苦，但賴夫達卻說，做這個工作很有趣，工作半年、休息半年，生活很自由自在。

他不只種竹筍，還當過印尼農業官員的老師，讓他們住在家裡兩個多月，毫不藏私，每天親自示範如何種出甜嫩的綠竹筍。

「當廠長沒有休息時間，我喜歡一個人在山裡靜靜的找竹筍。找到了就很開心。」穿著牛仔褲與長雨靴的賴夫達，挖完竹筍後，話匣子打開了，帶我逛竹林，看看他休息放鬆的祕密園地，真是個知竹常樂的開心農夫。

跟著夏天，我們走入平原，走進海洋，走上山林，夏至夏至，夏天真的尾隨芒果、黑潮與綠竹筍而至。

私房推薦

阿對麵店　屏東縣琉球鄉民生路36號

在這裡可吃到小琉球特有的鬼頭刀魚乾炒飯。

百海餐廳　屏東縣琉球鄉民族路6號 08-8612224

推薦涼拌海菜、魷魚小封肉、蜂巢蝦。

這是我在小琉球最喜歡的餐廳。主廚李育憲是做外燴出身，喜歡跟船長閒聊，挖掘船長在孤獨的海上做菜滿足鄉愁的故事，再將傳統的船長私房菜轉換成創意料理。

例如：涼拌海菜是用海菜跟檳榔心拌醋，酸酸甜甜十分開胃；魷魚小封肉類似東坡肉，但作法融入在地特色，用魷魚乾、鬼頭刀魚乾與豬肉一起燉煮。俗稱「小琉球比薩」的蜂巢蝦也很獨特，以前只有船長才能吃，鮮蝦裹上比雞蛋還細密的鴨蛋汁，再加上主廚實驗多次才找到比例的特調粉，先用一百三十度高溫油炸，再用兩百度高溫將油逼出，維持起鍋後的酥脆口感。

百海涼拌海菜

鬼頭刀魚丸

七月

小暑・國曆七月七日或八日—大暑・國曆七月廿三日或廿四日

花生・絲瓜・小管・南瓜

暑氣如潮的七月，我到美濃一遊。

當晚與朋友到小吃店吃飯，我們吃了粄條、豬腳、冬瓜封，最後老闆端上一盤花生豆腐，我嚐了一口，冰冰涼涼的綿綿口感，不僅消除暑氣，竟發現那股濃郁滋味好熟悉啊，記憶突然湧上心頭，我想起十多年前的往事。

那時我在屏東服預官役，曾北上找尋一個逾假未歸的逃兵，後來被我順利找到，我們在深夜搭遊覽車回屏東，在台中中清休息站下車休息，他利用我跟他母親講電話，稍一不留神，轉身拔腿就跑。我摔下電話，在黑夜中一路狂奔，但始終差他一大段距離，最後看到他在交流道攔下計程車後迅速消失無蹤。

我沮喪地回到部隊，被長官罵到臭頭，家長甚至責怪我，要部隊負責，這個打擊讓我對人性失去信心。一個跟我蠻談得來的新兵剛收假，帶了家鄉特產、用花生跟米做的花生豆腐為我打氣。我好奇吃了一口，很有彈性，不像一般豆腐軟塌易碎，淡淡花生香還帶點奶香，口感細緻扎實有彈性，很像奶酪，他還建議我淋上醬油膏試試看，鹹鹹甜甜反而讓滋味更奇特。

意外的美食，以及新兵的熱誠，我當下的低落心情突然得到釋懷。

花生

大地母親的滋味

故事過了十多年，此刻的我更好奇花生豆腐的美好滋味怎麼來的？客家人米食文化原本就很獨特，像粄條、米苔目，或是發粿，但是將花生與米結合的傳統客家花生豆腐更特別，除了吃原味，淋上醬油膏、撒蔥薑蒜末，或加上用蒜頭爆香的蝦米、菜脯與碎肉，甚至當成甜點，都各有好滋味。

隔天清早，我騎腳踏車到菜市場閒逛，好幾攤都在賣花生豆腐，其中一個中年太太笑容可掬，我上前閒聊，她大方告訴我這是自家種的當令花生，將花生泡水與米磨成米漿，加入地瓜粉、糖與鹽之後，再倒入滾燙熱水。調勻後，將濃稠的乳白米漿舀到鐵盤裡，蓋上鐵蓋用大火蒸熟，再用電風扇吹涼約三、四個小時，就可以切塊食用。

食材簡單，手續簡單但耗時，卻更凸顯花生的樸實味道，「那是我媽媽傳承的味道。」她說。

鍾鐵民在〈祈福〉這篇小說，描寫母親大熱天在花生田摘花生，兒子陪她一起工作，母親額際鼻尖都是晶瑩汗珠，卻沒喊熱，只是親切詢問兒子學校狀況，鎮撫他的浮動心情。兒子好奇問：「媽，你不熱嗎？」母親愕然片刻，微笑地看看天，隨即擦擦汗，像告訴他祕密似地說：「怎麼不熱啊，你這憨古。」母親似乎把曬在兒身上的光和熱承擔起來，還當作是莫大快樂。

也許我懷念的，就是像花生這種帶著盛夏熱情的大地母親味道吧。

小暑花生正逢時

七月節氣是小暑與大暑，農諺說：「小暑過，一日熱三分。」說明小暑之後，天氣一天比一天熱，到大暑達到極致。農諺也說：「小暑大暑，有米也懶煮。」這種大熱天，讓人發懶到連三餐都懶得動手。我在美濃的清晨卻看到農家勤勞地在院子曬花生，遠山的山影，似乎將農人的腰壓得更低。

一年兩作，春秋播種，夏冬收成，耐旱耐熱耐雨的花生，此刻也是盛產節令。花生是早期台灣跟常民生活最密切的作物之一，詩人吳晟在〈意象〉這首詩提到：「在濁水溪畔廣大溪埔地／我的足跡仍仔細刻寫的田土上／水稻、蕃薯、花生或玉米／奮力蔓延根鬚，伸展枝葉／那就是我最直接最鮮活的詩作意象」。

花生埋在土裡，沒有豔果張揚，卻安分守己，誠誠懇懇，早在明清時代的台灣移民社會，就扮演重要的生活功能。例如環境惡劣的澎湖人以花生為主要作物，用來榨油，油渣可以肥田，花生藤蔓可以當柴火，枝葉能餵養牛羊。

康熙晚年、大約是十八世紀初，花生油也繼芝麻油之後成為民生用油，花生油俗稱「火油」，是燃燈油料，乾隆之後花生油搖身一變，成為台灣重要出口貿易產品，後來花生油才從燃料轉變成食用油。

花生也是平民重要的零食。《本草綱目》說，落花生炒熟辛香，辛能潤肺，香能舒脾，是果中佳品。因此，康熙年間首任巡台御史黃叔璥，在這本被譽為是描寫台灣風土隨筆代表作的《台海使槎錄》，其中一篇〈赤崁筆談〉就描寫花生是百姓的重要零食：「居人非口嚼檳榔，即啖落花生。童稚將炒熟者用紙包裹，鬻於街頭，名落花生包。」

原來當時百姓不是吃檳榔，就是吃花生閒磕牙，小孩在街頭賣炒熟的落花生包的場景，宛如在目，很有意思。

像雲林就是花生主要產區，其中元長鄉花生產量居雲林之冠，台灣發展史上的政經與宗教重鎮的北港，則以花生油、花生加工品聞名。北港溪沖積出來的沙埔地，成為種植花生的最佳產地，北港花生顆粒大，油脂多，加上位於雲林、嘉義、台南與彰化的中心，成為海運與陸運的樞紐，讓北港花生油成為北港重要的經濟產品。

比方道光三十年（一八五〇），北港的花生油工廠就有三十多家，全盛時期甚至高達上百家。十多年前北港推出新產品——黑金剛，體型結實碩大、深紫色的花生仁跟傳統褐色花生仁大不同，口感香酥濃郁，像個胖娃娃，馬上就贏得台灣人的喜愛。

澎湖土豆粿，百年家鄉味

除了本島雲林之外，外島澎湖也是花生知名產地。澎湖的朋友常說，澎湖花生最有家鄉味道，連來台定居之後，也忘不了那個老滋味。

從台灣發展史來看，花生是從大陸先引進到澎湖，再傳到台灣本島。澎湖花生栽植歷史早，但環境最惡劣。由於澎湖土壤是玄武岩風化而成，屬於鹽分含量高的土壤，養分不足，花生一年僅能一穫，每年六、七月是產季，也許因為時間醞釀較久，加上海風淬鍊的生命力，讓澎湖花生外形又大又長，結實飽滿，因此澎湖花生酥就是知名觀光伴手禮。

在澎湖吃飯，花生幾乎無所不在，一道清炒高麗菜，是用碎花生來拌炒，能嚐到菜甜與花生顆粒香。因為早期澎湖人沒有什麼動物油可用，藉著花生碾碎的油就能用來炒菜。即使是吃臭肉鮭，還能用花生米沾臭肉鮭汁，咀嚼鹹甜鹹甜的滋味。

但讓我著迷的卻是澎湖用來祭祖拜神、平常少見的土豆粿。

那是一個謎樣村落的特產，位在西嶼、有百年歷史的二崁村。這是澎湖少見的單姓聚落，陳姓宗族四百年前從金門夏興村移民來此，傳承十五代的二崁，是澎湖現今保存完整，擁有四十多棟古厝、六十多人居住的村莊。

二崁過去被稱為中醫村，因為一百多年前曾發生瘟疫，有族人到台灣學中醫想要幫族人治病，慢慢吸引其他族人前往台灣學中醫，他們在高雄、嘉義等地行醫發達之後，返鄉興建陳家宗祠，也運送上等建材打造家園。

有了宗祠，人口仍大量外流，因為他鄉的富庶，更顯家鄉的貧乏。前幾年一群陳家第十四代的後人，決定中年轉業，一同返鄉整修恢復聚落外貌，並開設民宿與舉辦文化活動，將沒落的二崁重塑成觀光重鎮。

二崁村跟花生一樣老，老得有樸拙的人生智慧，老得跟花生一樣散發清香。

烈日下，我在老街上閒晃，看到一個小雜貨店，老阿嬤坐在外頭乘涼，見我路過，輕聲招呼買土豆粿。土豆粿看起來不太起眼，我仍好奇買來吃吃看，花生餡又香又細，糯米粿皮很有彈性，詢問後，才知道這是二崁人傳統祭拜的供品，因為要拜神明，點心不能隨便做，花生要先炒過，接著用石杵搗花生，將花生搗碎搗成細粉，再用麵粉與糯米粉、地瓜攪拌製成粿皮來包花生粉，除了增加地瓜香氣，口感也比較好。

我問為何不用機器碾花生粉？滿臉風霜、皮膚黝黑的老阿嬤說，手工才細，也有誠意，這是傳統。

我走到隔壁的小吃店，吃了包裹竹筍與碎肉的金瓜粿，老闆也招待我吃花生。聊到他們從台灣回到老家定居，老闆說這裡夏天熱、冬天冷，土地貧瘠，作物都養不活，只有花生產最多，但是他們懷念家鄉，用在地食材做點小生意，就能養活一家人。

探頭看他們家裡的廚房，大灶正在蒸粿，熱氣四散，太太則在炒花生，觀光客經常來此休息，吃花生、吃金瓜粿，聽老闆講二崁故事，返鄉的生活蠻寫意自在。

抬頭望去，眼前是盛夏青綠的草原，再過去就是湛藍大海，海天共長一色，回頭則是澎湖硓砧石搭建的古宅，還有為了防風，用珊瑚礁與玄武岩混合的硓砧石當建材，圍牆種花生的「菜宅」。

這個壯麗景色，讓小小西嶼在歷史留名。西嶼在大航海時代被荷蘭人稱為漁翁島，大陸移民東渡來台，一定會經過西嶼再到澎湖，或選擇在西嶼停泊休息，清代就以「西嶼落霞」之美成為全台八景之一，與基隆、鹿耳門、安平齊名。乾隆時期的台南籍詩人章甫，搭船路過西嶼，就寫下：「五色文章天上降，九光錦繡水中鋪」的浪漫詩句。

錦繡美景一直未變，只是我們未曾駐足停留。作家梁容若在〈落花生的性格〉這篇散文提到，落花生每棵長的果子並不多，但每顆果子都有發展為一棵新生命的可能，相對柳樹的飛絮這種充滿野心的植物，隨風飄舞，要把種子鋪滿世界，卻不見得有一顆能長成。「落花生安分守己，發展得很慢，腳步卻踏得最堅實。」也許就是這種落葉歸根的力量，讓曾經以為是柳樹飛絮的二崁村民，重新回到家鄉，落地成為堅實的落花生。

絲瓜

不過種花生的腳步，真的需要踏得堅實才行。二崁村人說，三月春雨過後，原本乾硬的土地因雨水滋潤而鬆軟，正是種花生的時刻。儘管此刻風大，二崁村民會一同用牛犁田，將花生均勻灑在凹槽中，再用腳輕輕將兩邊的土踢向凹槽。踢土也是一門學問。由於得低頭踢土，鬆軟田土踢起來其實很費力，單腳踢時容易被風吹得重心不穩，因此每一步都得將土踏平，又不能太密，腳步要輕盈，力道得均勻，播完種之後，可以看到一排排淺淺的腳印。

聽村人訴說種花生的故事，我猛然想起小時候在高雄林園的鄉下，跟著祖父與家人種花生的情景，我和弟弟跟在牛後頭嬉戲，家人則是撒花生播種，貪玩的弟弟還被牛口水滴到頭髮上，味道又臭又稠，被我嘲笑許久。

也許，當年的田裡，也曾留下我與弟弟淺淺小小的足印吧。

礁溪絲瓜好溫潤

如果說春天要嚐大地甦醒的根莖作物，夏天則要品味清涼去火的瓜類。小暑大暑，天氣越熱，瓜越熟越甜，農諺說「五月瓠、六月瓜」，貼切形容此時該吃各種瓜類，從瓠瓜、絲瓜、南瓜到苦瓜，還有西瓜、哈密瓜，真是瓜瓜相連到天邊。

瓜跟落花生一樣，是農村生活不可分割的一部分。陳冠學在《田園之秋》說，

因為溫泉的滋養，礁溪溫泉絲瓜又大又瘦又長，口感卻很溫柔。

不管世界怎樣地改變，寧願守著過去老傳統，種田，養牛養狗養貓養雞，種稻種地瓜花生芝麻與玉米，屋角籬邊總有瓜、豆開花結實，大概是菜瓜、瓠瓜與皇帝豆。

這種生活跟兩千多年前《詩經》歌詠的農村文化一脈相承，四時而作。夏天時序要吃瓜，《詩經》寫著：「七月食瓜，八月斷壺」、「南有木，甘瓠累之。」瓠瓜成熟未摘取，老了就變成葫蘆，還是要趁熟吃其甘味。

客語的絲瓜發音聽起來像「瘦瓜」，但絲瓜一點都不瘦，削皮切片後，用小火燜煮，口感多汁多水又柔嫩飽滿。鍾鐵民在〈菜瓜布〉這篇短文說，絲瓜料理不加水最清甜，聽說下莊人煮菜瓜是放水的，所以美濃地區形容東西多得可以盡情享用時，有歇後語說：「下莊嬤煮菜瓜——有吃水了！」

台灣的礁溪溫泉絲瓜與澎湖絲瓜，是最特別、又能大口吃水享用的夏季獻禮。

有一次到礁溪，車上跟交通小巴士司機聊天，他提到礁溪絲瓜清炒又甜又不易變黑的特質，跟家鄉具有礦物質的溫泉水有關，我說那不就跟溫泉空心菜一樣，司機說種絲瓜比種空心菜更省空間，而且不需要太花時間照顧，說著說著，他索性載我們到他老家看看溫泉絲瓜。

他開車穿越田間小路，幾經轉折後，到了田邊小路的盡頭，只見眼前一條條筆直巨大的瘦長絲瓜，像吊單槓一樣從棚架上懸掛下來，每個絲瓜尾端還掛著一罐伯朗咖啡，這是要讓它們的身形更筆直挺拔，不會彎彎曲曲影響賣相。

司機大哥說他已住在鎮上，這裡是想泡湯時就跑來棚架旁的浴室洗溫泉，順便看看絲瓜成長進度。過去曾在台北開公車的大哥說，他們礁溪人打開水龍頭，都是流出溫泉水，讓他一直以為自來水都是熱的，一直到台北生活，才知道熱水是需要瓦斯，還要付錢。

離開前，司機大哥摘了好幾條絲瓜給我們，還把浴室鑰匙掛在門上，他說只要我們想泡湯，就自行來此開門、放水，想吃絲瓜就自己摘。不過這個泡湯妙地實在很難找，而那一排排壯觀的翠綠絲瓜則更難忘。

我在宜蘭羅東吃過最有創意的絲瓜料理，是在朋友擔任主廚的饗宴鐵板燒餐廳，主廚程智勇用母親菜園剛摘下的絲瓜，切成圓圓的薄片，再撒上鹽巴煎一下，圓片絲瓜上放上一小捲先燙好的紫蘇麵線，鹽巴激發的絲瓜甜味，加上紫蘇清香，非常清爽特別。

另一道他把宜蘭傳統小吃、用雞高湯熬成再炸過的糕渣做了創新的結合，將雞湯、鹽、雞蛋、絲瓜丁與甜蝦放在一起凝結成凍，再下鍋去炸，外酥內熱口感中，帶有絲瓜清香與蝦子甜味，很有意思。

澎湖絲瓜真甘脆

如果說礁溪絲瓜是圓潤高雅的美人，外形劍拔弩張，有稜有角，身形清瘦的澎湖絲瓜就像一個個性鮮明的戰士。不只是絲瓜，澎湖的瓜類大概是台灣最特殊的瓜類作物。就像澎湖花生一樣，澎湖獨特的生長環境，雕琢出瓜果的海島個性。古籍《澎湖紀略》記載：「澎湖冬季風大，所以風聲、水聲，無日不聒耳，甚至飛沙走石。冬春則頻旱，自立春至清明，凡所種草芽不發，盡枯焦，至夏方生，立秋以後，草則漸黃，更無花草。」難怪澎湖只適合栽種夏天當令的瓜果，由於一年只有一穫，瓜果生長也比較緩慢。先不談絲瓜，光是澎湖西瓜——嘉寶瓜就讓人驚奇，外形小小圓圓，綠色外皮叫翠嘉寶，黃色的則是黃金寶，果肉竟是橘色的，口感清脆，水分又多。

我在澎湖吃的絲瓜料理，方式簡單乾脆。其中一道絲瓜沙西米，先削去稜角外皮，稍微清燙一下，藉著過一下水來降低生絲瓜的腥味，接著泡冰水冰鎮一下，讓外皮更翠綠光滑。

料理後的絲瓜口感很特別，甜甜脆脆，不加沾料就非常好吃。廚師說澎湖絲瓜肉脆皮韌，冰鎮後皮更脆，水分更飽滿，但是台灣絲瓜外皮比較軟，比較不適合

小管

七月澎湖小管正當令，日曬醃存好過冬。

生吃。

絲瓜麵線應該就是澎湖美食的最高境界。澎湖的絲瓜麵線很豪邁，先放一點水讓絲瓜滾一下，接著快炒，炒出絲瓜甜味，再放入麵線燙一下，絲瓜的甜，絲瓜的水，不用任何調味料，絲瓜麵線就超清甜好吃，如果再放入海鮮，像小管、鮮魚，真是無與倫比的鮮甜。

記得那天是一大清早出發，我搭乘一艘觀光漁船，先聽船長導覽解說澎湖獨特的玄武岩地質。看著黝黑方正的岩石，經過日曬風吹、海水侵蝕，淬鍊成各種壯觀巨岩奇景，呈現造物者磅礡的鬼斧神工。接著是到員貝嶼附近的漁家定置網區域捕魚，在船長一聲令下，乘客十多人合力拉起定置繩網，撈起花枝、小管與各種魚類，這就是我們的午餐。

夏天的漁產因為都過了產卵期，魚體又瘦又小，缺乏過冬儲存的脂肪，但是澎湖小管卻正當令，中午回到漁船停泊處，等廚師將我們撈起的海鮮料理好，鮮魚麵線、蒸魚與炸花枝就上桌

南瓜

了，其中的鮮魚麵線加了絲瓜，果然又鮮又甜。

有次我參加夜釣小管活動也很有趣，由於小管具有趨光性，從六月到中秋節就成為澎湖人夏季夜晚的漁撈經濟活動跟主食。那天傍晚六點出海，漁船停泊在釣小管海域之後，打開照明燈，發給遊客假餌，讓遊客在漁船兩側下餌垂釣。

小管剛被釣出水時，還會機靈的吐墨汁、吐水。小管剛釣上來身體還是呈現紅色，過陣子就變成透明，船長就開始做小管生魚片，或是煮成小管絲瓜麵線。同治年間渡海來台編纂《淡水廳志》、《澎湖廳志》的舉人林豪，在〈篝火宵魚〉這首詩描寫澎湖夜釣的樂趣：「絕島潮迴夜色清，滿船風月釣竿輕。細鱗巨口誰分得，為有波心一點明。」

無限量供應的甜脆口感的小管，加上絲瓜的清甜，搭配夜空繁星，跟百年前夜釣相比，更是風月無邊啊。

金瓜米粉甜鬆鮮

夏天也是南瓜成熟的季節。南瓜在西方是童話跟節慶的象徵，在台灣俗名金瓜的南瓜，大概是台灣蔬菜中唯一有「金」的尊榮，這不是金馬車的浪漫童話，而是具有豐富的生活意涵。詩人夏宇在〈南瓜載我來的〉這首詩就傳達南瓜的務實個性：「金黃／澎湃／一棵南瓜／在牆角／暗暗成熟／如我 辛德瑞拉」。

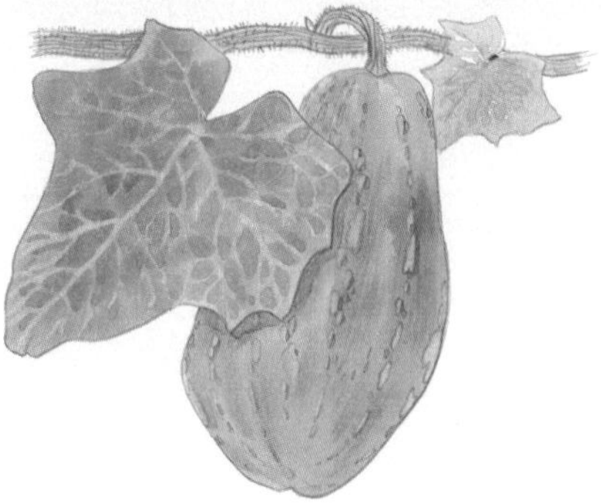

金瓜的金字招牌，除了是營養價值最豐富的瓜果，以及豐沛溫暖的金黃色色澤，金瓜全身都是寶，從根藤葉花果皮到籽都能吃，只要放在涼爽乾燥的地方，還可以儲存很久，成為老一代度過荒年的重要食物。

張詠捷在《食物戀》說，將金瓜、地瓜與菜豆混在一起煮，再加入花生碎塊增加油潤感的金瓜雜煮，是阿嬤那一輩的傳統菜色。我想到早期澎湖人以海藻、魚蝦與地瓜、小米煮成的「糊塗粥」，類似金瓜雜煮，把只要當令能吃的東西都放在一起煮，是離島的營養食品。

金瓜具有點石成金的魔力，透過煎炒煮炸就能變出許多美味營養好菜。金瓜米粉就是將最普通的食材變成最濃香的好味，在澎湖經常是在地人祭祖的食品，將金瓜切成細條狀，加蝦米、花枝與米粉一起炒，澎湖金瓜特色是不易糊掉，可以吃到金瓜的甜度跟濃稠口感，加上海鮮滋味與鬆而不爛的米粉，令我一碗接一碗。

我去苗栗南庄吃到客家人的家常菜金瓜飯，記憶格外深刻。端上桌時，這一大盤金黃色的飯就讓人引起食欲，口感帶著濃厚南瓜香，微甜中還有黏稠口感，我還以為是燉飯。客家媽媽說這是用生米加上一點糯米，增加稠度，然後和南瓜一起在鍋裡拌炒，每隔幾分鐘就要翻炒一下，直到南瓜與飯完全交融，大約要兩、三個小時才能完成。

金瓜飯看似簡單，卻需要火候、時間與耐心，整盤金瓜飯我幾乎一個人就吃掉一半以上，回程還打包，客家媽媽的用心，我當然也要用胃回饋啊。

生命中不能承受之輕

清晨在二崁村落散步，才不到七點，太陽已經露臉。我看到絲瓜竟然長在菜宅內的土地上，再沿著菜宅硓砧石牆蔓延而上，這跟傳統長在瓜棚上的絲瓜不大同。正在附近巡田的阿嬤說，澎湖風太大了，絲瓜棚會被風吹垮，只能長在有菜宅擋風的地上。

「長在地上，但是瓜葉遮住怎麼找絲瓜？」我問。阿嬤笑了一下，拿出剛以為她要打掃的掃把，她說用掃把輕輕撥葉，就可以找到絲瓜，只要摸摸絲瓜外殼稜角，如果變硬就是熟了。

長在棚架的輕盈絲瓜，到了澎湖竟是匍匐在地上，不論在哪裡，過了採收季之後的絲瓜，即使老了，絲絡粗了，還能貢獻身軀成為菜瓜布。

就像無怨無悔的母親一樣，這是生命中不能承受之輕嗎？米蘭昆德拉在《生命中不能承受之輕》說：「最沉重的負擔，同時也是最激越的生命實現的形象。負擔越沉重，我們的生命就越貼近地面，生命就越寫實也越真實。」

他說的是愛情，也是親情。

我想起主廚好友阿嬌，她曾開過非常知名的台菜料理「食方餐廳」，有一道「碧玉瓠瓜」，讓我印象非常深刻，那是用黃椒與鯷魚熬煮的醬汁，淋在煮熟的瓠瓜上，這個醬汁她試了四十多種，研發三個月才完成，呈現平凡瓠瓜雅緻豐富的視覺與味覺。

這是一道充滿生命營養的碧玉瓠瓜。阿嬌離過兩次婚，曾經在懷孕六個月時，兩手各提一桶二十公斤重的瓦斯桶，爬到公寓三樓送瓦斯，後來負債兩千萬，靠賣蝦仁羹還清債務。她的生命艱辛，卻堅持親自哺育三個女兒，等到孩子斷奶之後，她用豬肋骨與瓠瓜燉煮，營養豐富易入口，再一口一口餵給孩子吃。她懷念這段養育過程，花心思做出這道好菜。吃過阿嬌無數次的美味料理，這道菜尤其讓我難忘。

如果生命是一個隱喻，也許就是絲瓜與花生，默默蔓延枝藤根鬚，靜靜開花結果，跟夏天對話，跟土地對話，也跟生命對話。

夏天就是這麼美好！

私房推薦

西嶼二崁村土豆粿與金瓜粿　二崁村聚落協進會，澎湖縣西嶼鄉二崁村14號 06-9982776

到澎湖西嶼二崁村，可以吃到柑仔店的土豆粿，與隔壁小店的金瓜粿、炒花生，喝在地的「風茹草茶」解渴。逛累了，也可在老宅院裡歇歇腳，喝碗香醇的杏仁茶。

建議別只待幾個小時，要認識這個保存完整的澎湖老聚落，可以住在有老宅風味的民宿，慢慢感受澎湖的生活方式。至於民宿提供的早餐，我推薦選燒餅油條，因為燒餅的口感彈性有嚼勁，很像甜甜圈，不像台灣脆脆的容易掉屑，這是馬公北辰市場「鐘記燒餅」的獨特口味。

龍門口田媽媽餐廳　苗栗縣南庄鄉獅山村15鄰165號 037-822829

這裡的金瓜飯與花生豆腐，是很棒的客家料理。

田媽媽金瓜飯

八月

立秋・國曆八月七日或八日—處暑・國曆八月廿三日或廿四日

龍眼・咖啡・蘆筍・野蓮・睡蓮

儘管到了立秋，仍不見涼意，原意是暑氣到此為止的處暑，氣溫甚至比大暑還熱，難怪俗諺說：「處暑，會曝死老鼠」。

立秋最大的驚喜，就是龍眼成熟季節的來臨。俗諺說：「龍眼秋，白露柚」，立秋之後，這一顆顆小巧玲瓏如明月的果實，散發八月桂圓香的誘惑。

龍眼樹記錄著童年的美好時光。小時候在草屯外婆家過暑假，總是跟著大人摘完一大桶的龍眼，坐在電視機前一顆一顆剝來吃，剝殼的清脆聲此起彼落，大家還會比賽誰剝得快。我會將吃完的黑籽收集起來，下午跟鄰居玩伴在龍眼樹下用來打彈珠，邊打邊舔手上黏答答殘留的龍眼汁。

小時候仰望這株龍眼樹，總覺得又老又高大，樹幹寬闊高聳，枝葉茂密，但是樹皮呈現剝落的細條裂狀，外表總是老態龍鍾，很像滿佈風霜皺紋的外公與外婆。

長大後，龍眼樹還是那麼高。有一次去台中石岡鄉，騎自行車閒逛，騎到土牛客家文物館，看到大門口旁有一株高大的龍眼樹，上頭結滿了成串龍眼，我們幾個朋友在那裡猛跳猛抓，就是搆不到，失望透了。

當地人看我們模樣有點好笑，他說這是土龍眼樹，果肉又小又薄又不甜，沒

龍眼

人去採收。我們吃不到，也不會說龍眼酸，總是想像一定甜到心坎裡。

台灣甜蜜多汁的龍眼，幾乎都是粉殼種，主要來自農人厲害的嫁接技術，傳統土龍眼樹就相對失色。康熙年間第一位巡台御史黃叔璥在一七二二年來台後，嚐過在地龍眼滋味，形容「顆小味薄」，可能就是今日的土龍眼吧。

酒釀桂圓，母愛溫醇

龍眼在眾水果中最特別的價值，不在於新鮮肉體，而是煙燻之後的亮褐色靈魂。由於龍眼採收期短，只有一個多月，果實水分含量百分之七十以上，退甘快，也不易保存，自古就用烘焙技術脫去水分來保存更久，也讓龍眼是少數脫水加工之後，口感更勝鮮果的水果。

世界麵包冠軍吳寶春的酒釀桂圓麵包，為龍眼這個南方珍果創造更豐富的滋味，也讓世界認識台灣在地的國際級食材。

為了體驗歐式麵包包裹台南東山桂圓的滋味，我花了一百四十元買酒釀桂圓麵包來嚐嚐。這個深咖啡色外觀，樸實不花俏的麵包，帶著沉甸甸的厚實感，還沒剝開麵包，桂圓香氣已經瀰漫開來，老麵發酵的扎實口感與咬勁，伴著桂圓的古早味餘韻，舌間不斷繚繞回甘的感覺，彷彿能咀嚼出時間與土地交織的感動。

朋友說太貴了，我回答如果你知道東山桂圓手工製作的過程，加上吳寶春的

東山的好桂圓需要好功夫，先以低溫慢火烘焙一天，再分別用中火、小火各烘焙兩天，等到果殼碰撞產生清脆聲，就可以剝殼取肉了。

技藝與誠意，就不會嫌貴。窮苦出身的吳寶春，製作酒釀桂圓麵包的動機，是懷念母親在冬至蒸桂圓糯米糕的情景，軟Q的糯米、香甜桂圓與米酒的溫醇，還有母親看到他愛吃而露出的甜甜微笑。

這個微笑跟桂圓一樣甜，一樣濃。為了追尋這個幸福感，吳寶春尋遍台灣各地，找到台南東山的煙燻龍眼乾，這是傳承三代的農人，用百年龍眼木當柴火，在百年老灶裡不眠不休烘焙六天五夜的精華。

用立秋時令的龍眼，透過時間烘焙出香醇龍眼乾，吳寶春給世界跟台灣一段美好時光，拿到亞洲冠軍與世界亞軍，也創造屬於他的時代，一個用台灣在地食材創造口感跟情感的時代。

雖然吳寶春在二〇一〇年以浸過荔枝酒與小米酒的荔枝乾為食材，創造的「米釀荔香」拿到世界麵包冠軍，但是在我心中，桂圓樸實的香韻，還是勝過荔枝嬌媚強烈的貴氣香。

冰清玉潔，一身是寶

五世紀時北魏文帝曾下詔：「南方果之珍異者，有龍眼、荔枝，令歲貢焉」，嶺南生產的龍眼與荔枝成為每年進貢的珍品。但產季順序總是荔枝在小暑先發，龍眼在立秋後至，也許是因搶了先機，歷史上，荔枝的豔名總是佔上風。

唐代《嶺表錄異》寫著：「荔枝才過，龍眼即熟，南人謂之荔枝奴，言常隨其後也。」加上楊貴妃酷愛荔枝的加持效果，讓名稱霸氣的龍眼變成荔枝的丫鬟，即使並稱南方珍果雙豔，金黃外殼的小巧龍眼，外形跟口感還是不如荔枝的俏麗豐潤。

荔枝是吃飽滿水分的快感，龍眼則是品幽微智慧。蘇東坡寫過一篇〈荔枝龍眼說〉，形容吃荔枝有如食大蟹，飽滿多汁，吃龍眼就像食小蟹，吃起來若有似無，了無所得，卻是味在咂啄之間，啃小蟹的趣味有時勝過大蟹。

蘇老夫子後來在廉州吃到龍眼，更讚不絕口，寫下〈廉州龍眼質味殊絕可敵荔枝〉這首詩，其中一句：「坐疑星隕空，又恐珠還浦」，將龍眼比喻為劃過天空的流星，一閃而逝，也像海裡珍珠，擔心辛苦採珠後，又掉入水裡。

龍眼一個多月的產期，就像流星一樣轉瞬即逝，龍眼的價值，更像珍珠是經過時間醞釀而成。

龍眼還有個稱號叫「益智」，因為外殼、果肉與果核都是寶，全可用在藥膳食補。龍眼三月開花能釀龍眼蜜，挺拔的龍眼樹可以遮蔭當行道樹，連龍眼木都是烘焙的最佳柴薪，能夠燻出龍眼乾的最佳風味。

嘉慶二年（一七九七）來台任官的吳玉麟，寫下〈龍眼〉一詩，描寫出龍眼多樣的功用，平反被矮化為荔枝奴的偏見：「黃裡裹冰膚，纍纍若貫珠。誰將龍刮目，未許荔稱奴。益智神能健，清心暑可驅。更憐嘉樹蔭，霜雪總無殊。」

日治初期來台灣擔任三年民政局官員的佐倉孫三，走遍台灣各地考察風俗物產，寫了一本《台風雜記》，他發現龍眼是當時台灣產量最多的水果，質地結實的龍眼木可以製作器具，果實味甘而美，補氣養肝，是有生產價值的寶樹呢！

東山桂圓，百年技藝

龍眼乾因為製作細膩繁複，從清代到現代一直維持手工剝肉與烘焙的不變傳統。這個從清朝就有的烘焙龍眼乾行業，是出口到上海與天津的大宗貨品。

小小龍眼乾是大自然與農民用時間累積的智慧結晶。吳寶春偏好東山龍眼乾，就在於東山不花俏的古法烘焙技術，扎扎實實，拳拳到肉。

台南是龍眼之都，產量佔全台三成以上，東山則佔全台的百分之十二，但是龍眼乾加工的產量高達全台八成，光是溪南村百年老窯就有一百六十座以上。

東山的風土條件非常適合栽植龍眼。由於龍眼春天開花，二到四月需要乾旱低溫的氣候，六七月生長時需要高溫跟雨水，海拔一百到九百公尺起伏不定的東山，屬於石灰岩地質，排水良好，晝夜溫差大，雨量豐沛，都能配合龍眼成長期的不同需求。

先天的環境加上後天的烘焙技術，立秋是東山全年最忙碌緊湊的時刻。我到東山一遊時，農家剛歷經六天五夜烘焙龍眼乾的煎熬，滿臉憔悴卻帶著喜悅。依著山坡地蓋的土窯，還瀰漫熱度跟龍眼乾的香氣，農家從採收到烘焙的仔細解說，讓我大開眼界。

採收是由外包工人負責，除了工資之外，每人提供雨衣、每天一包菸及一瓶米酒，得像靈活的猴子在茂密不通風的葉叢中爬上爬下採收，有時遇到颱風季，又溼又悶又熱，需要體力、耐力與定力。

龍眼摘完後，大顆鮮果送市場，小顆進土窯，也有不少東山人準備現金到台灣各地收龍眼，載回來進行烘焙加工，雖然不少工廠為了省時與增加產能，改用柴油加熱的乾燥機，但是往往帶有過重的燻烤味及油煙味，少了龍眼木燻製的香氣，也少了古早味的甘醇。

堅持古早傳統的製程，需要細心跟耐心。烘焙的火候技術，影響龍眼乾的色澤、肉質與氣味，技術不好會造成斑點不均勻，果肉過乾或過溼，也會有焦味。一個果農說，烘焙的火勢要拿捏得很好，否則一不注意就會整個報銷，但是溫度的拿捏沒有溫度計，都是目測靠經驗。

為了燻出好桂圓，先將採收的連枝鮮果放在竹邊烘焙架，用七十度低溫的慢火熱氣烘焙二十四小時，全家人再動手翻動龍眼，將燻乾的樹枝用剪刀或手腳拉扯與龍眼分離。

接著用中火烘焙兩天，最後再用小火烘焙兩天，每十二小時翻動一次，讓上下層龍眼都能受熱均勻，但是每兩小時就得添加柴火，檢視是否燒焦或是受熱不均，因此，農人通常就睡在土灶附近，或是跟附近鄰居、朋友泡茶聊天打發時間，每隔兩小時回來巡寮顧灶。

這個過程並不輕鬆，除了龍眼乾燥過程產生的粉末，還有顧柴火時得忍受眼淚鼻涕直流的煙燻煎熬。

一直烘焙到果殼碰撞產生清脆聲音，就大功告成，再來就是全村動員剝龍眼殼、剝龍眼肉的加工。我看到鎮上各個家門口幾乎都圍坐著阿桑、小孩與學生一起剝龍眼乾，好奇上去瞧瞧，桌上有個燒炭的小爐，上頭有塊鐵皮，他們熟練的將去殼龍眼肉貼在鐵皮上加熱一下，再俐落的將籽肉分離。

大家邊去籽邊聊天，我問其中一個小女孩，一天可賺多少錢，會累嗎？眼睛像龍眼籽靈活漆黑的小女孩笑著說，可以邊剝邊吃，還可以聊天，很好玩。隔壁歐巴桑說剝殼一斤大概四到五元，剝肉一斤十五到十八元，一天大概賺個幾百塊。「從小做到大，都習慣了。」阿桑憨笑著，剛講完不知不覺已剝下好幾顆龍眼肉。

我吃著剛剝好、還帶點微溫的桂圓，香氣濃郁，有種自然而然的幸福感，那個感覺就像酒釀桂圓麵包的口感，充滿又濃又甜的味道。

咖啡

桂圓咖啡，東山絕配

東山不只產龍眼，咖啡也是一絕，桂圓放在用虹吸管煮沸的熱咖啡中，同時品到咖啡淡淡的焦糖香與桂圓香，以及山泉水的清甜，咖啡苦味跟桂圓甜味融合之後恰到好處，風味獨特。

台南縣一七五縣道正處在北回歸線帶上，這是跟盛產咖啡豆的牙買加相同的黃金緯度。日治時代東山就有日本人引進試種的阿拉比卡咖啡樹，但光復之後沒人維護，逐漸式微，十多年前，這裡開始有人嘗試農作轉型，種植咖啡樹，販售自種、採收與烘焙，逐漸成為咖啡生產重鎮。

東山農人很有趣，咖啡樹就種在龍眼樹旁，聊天話題不是咖啡就是龍眼，因為產量少，又種在山上，無法用機械化方式採收，得等到十月咖啡果實成熟的深紅階段，才用人工採收，使得一斤成本八十元的咖啡豆，人工成本就佔四分之一，讓東山咖啡豆價格相對較高。

不少龍眼農因為種咖啡衍生獨特的生活風格。他們不只種咖啡，為了找到烘焙咖啡的最佳風味，煮出咖啡完美的韻味，到處喝咖啡，比較國外的咖啡口感，由於東山咖啡的咖啡因偏低，他們用中深烘焙的方式，以及虹吸管煮法，讓東山咖啡不苦澀，不加糖也順口，飲完後，杯底還殘留微微焦糖味。他們甚至研究起咖啡料理，咖啡雞是將咖啡與雞湯一起熬煮，有著淡淡香甜，咖啡水果捲則把芋頭、火龍果跟咖啡粉裹成圓捲下鍋油炸，口感酥脆又清新。

此刻正是薄暮時分，站在東山居高臨下的位置，可以遠眺嘉南平原的風景，眼前有如色彩豐富的油畫，大東山稜線還凝聚緋紅嵐氣，與夕陽相互輝映。啜飲桂圓咖啡，以及品味特調的東山風景，一直到酒釀桂圓麵包的亞洲冠軍，一顆小龍眼竟能千變萬化。

無論怎麼變化，不變的都是這塊土地與人的心意。

草屯烏溪，蘆筍白嫩

我們一大早從台北出發，目的地是拜訪草屯一位種有機白蘆筍的農人。

蘆筍還未出土就採收，顏色白嫩的是白蘆筍，出土之後照到陽光，行光合作用變成綠色的蘆筍嫩莖，就是綠蘆筍，台灣西南部沿海鄉鎮以種綠蘆筍為主，白蘆筍很少見。一般的白蘆筍都是五星級飯店在三、四月推出的當令進口白蘆筍料理，我們卻能在初秋高溫吃到本土稀有的白蘆筍，又能在食物里程上減碳環保，心情非常興奮。

然而興奮過頭，迷路了。我們在草屯往國姓、埔里路上，看到道路兩旁不時出現賣水煮玉米與蜜地瓜的小販，好吃鬼的個性又出現，不顧才剛吃完午餐的胃，下車買玉米跟蜜地瓜，順便跟小販聊天，上車後大家低頭猛啃玉米，連司機也是邊吃邊開，結果錯過了農場指標，找了半個多小時才到目的地。

蘆筍

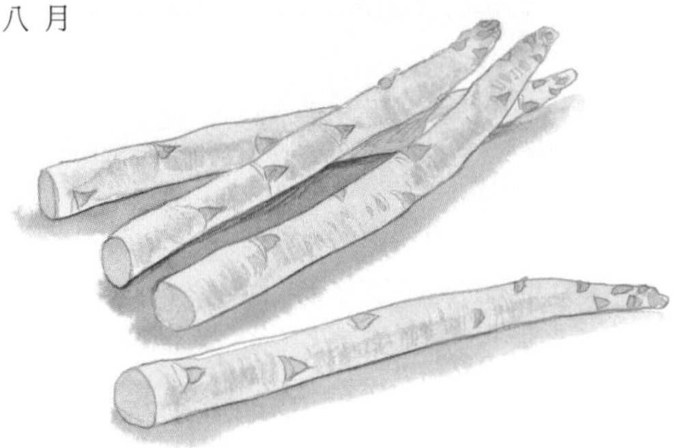

農場主人邱順男看我們滿頭大汗，用大茶壺倒了自家煮的蘆筍汁招待，清爽甘甜，稍微帶點回甘的苦味，非常過癮，瞬間趕跑秋老虎的凌虐。

我們跟著主人逛溫室蘆筍田，看到地上有不同顏色的小標誌，他解釋一般白蘆筍出土前土壤會微裂，筍農才開始挖，但是他更有效率，當筍頭快冒出來時，就用堆肥將它蓋起來，再插上記號小竿，根據不同顏色區分今天、明天與後天要採收的白蘆筍，不會浪費時間，也不會忽略每個白胖蘆筍兒的出土時間。

他當場拔幾根白蘆筍，拿到溫室外用水沖洗一下，我們就站在田埂上吃起白蘆筍。脆嫩微苦的口感，沒有生腥味，多咬兩口之後，微苦的味道在舌腔裡回甘化為清甜。

原本在中鋼擔任品管工作的邱順男，為了照顧家人健康，回鄉從事有機耕作，他發現種蘆筍的好處是冬天放寒假，讓土地跟蘆筍休息，也不用辛勞的翻耕，決定在烏溪畔的山谷種蘆筍。

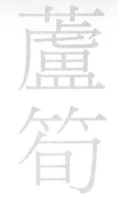

這裡入夜之後，中央山脈的冷風吹到山谷，溫度更低更涼爽，溫差大讓作物生長更慢，能蓄積更多能量，讓白蘆筍口感更好。為了營造有機環境，他不用農藥，用有機質涵養土地，慢慢的這裡出現穿山甲、水蛇、老鼠、青蛙、泥鰍的生態食物鏈，甚至連螢火蟲也出現了。唯一壞處是來蘆筍田要小心蛇出沒，我們現場就看到一張長長的蛇皮，同行女伴嚇得連連尖叫。

學工程的邱順男非常好學，他希望土地能永續經營，為了吸收更多有機知識，他到農業試驗所、中興大學與農業改良場上課，一有問題跟想法，也會跑去這些

野蓮

研究單位求教。

我想到台灣早期是蘆筍王國，蘆筍出口世界第一，可惜都是外銷蘆筍汁，本土沒有留下太多蘆筍文化，不像歐洲跟日本把白蘆筍當成料理至寶，用奶油煎蘆筍，或是燙熟後冰鎮吃鮮脆度。

村上春樹在〈1963/1982年的伊帕內瑪姑娘〉描寫一個只吃生菜沙拉的女孩，說話時總是夾雜著「咯啦咯啦、咯啦咯啦」的聲響，她的生菜沙拉裡，有小黃瓜、青椒、洋蔥，還有蘆筍。

我在烏溪畔生吃有機白蘆筍，也是那種「咯啦咯啦」的清脆聲，如果台灣有更多像邱順男大哥這樣的傻子，為了永續與理想而努力，我們就更幸福了。

美濃野蓮，清淡

一九九〇年代初期，熱氣如潮的八月暑假，我和研究所同學到美濃做田野調查，研究美濃菸業的發展與反水庫運動。

我當時寄住在一位當地耆老的家裡，每天早出晚歸進行研究工作。晚上回到耆老家就是泡茶聊天，講一天遭遇的事情。有一次吃到一道很新奇的菜，細細長長的梗，味道清淡卻很有嚼勁，我一直以為是韭菜的變種，餐廳店家也只說是美濃剛推出的菜色，不知道適不適合外地人的口味。

老伯聽我描述模樣跟口感，想了一會兒說：「可能是我們以前中正湖（中圳埤）裡頭的野蓮，以前美濃人旱季沒蔬菜吃的時候，會去湖裡面摘採這種野菜煮來吃，有時候菜市場也在賣。小時候常會去中正湖游泳，潛下去拔野蓮，覺得野蓮長得好長啊！」

我當時常常在大雨過後沿著田間散步，覺得美濃雨過初晴的顏色，像國畫一樣乾淨，但東逛西逛，卻始終沒看過野蓮的模樣。

一直到前幾年在高雄一家客家餐廳吃飯，又吃到這個菜，簡單清炒，撒點蒜頭，味道跟當年差不多，夏天吃很清爽開胃。店家說這是美濃特有食材，現在很熱門，都得專程去美濃採買。

為了想了解野蓮的種植過程，重溫漫步美濃的悠閒日子，我去了一趟美濃。豔陽下，我看到一朵朵小白花佇立蓮葉中，安靜美麗。農人抬起頭浮在滿是蓮葉的水面上，用手從野蓮根部整株拔起，一旁有人穿青蛙裝在池裡清洗這一大把野蓮梗，上岸裝在盆中再開始拔葉剪根，清洗、剔除爛葉與細部整理。

農人說這種野生植物以前在各地鄉村池沼中都曾出現過，中圳埤後來出現汙染，野蓮慢慢消失，直到有人移到池塘種植成功之後，不少人起而仿效，逐漸成為美濃的經濟作物。

野蓮整年都可以生產，生命力旺盛，繁衍又快，夏天兩個月就能採收，冬天需要三個月，農人說最怕冬天下池塘摘野蓮，但是為了生活還是得下去。

研究植物的朋友說，野蓮其實不是蓮，學名是「龍骨瓣莕菜」，一種長在埤塘

睡蓮

的浮葉水草，只要在泥地裡就能生長。農夫說，野蓮以前只是餐桌上一道野菜，沒什麼味道，不知道為什麼變得這麼流行，可能是因為沒有農藥，比較健康吧。

也許龍骨瓣莕菜自古以來，曾是鄉間村民補充營養的家常野菜，只是後來消失了，只剩下美濃還有生產，雖然野蓮的野性未被馴化，卻不像山間野菜氣息那麼強烈，才成為眾人趨之若鶩的美濃特色食材。

我很懷念當年第一次吃到野蓮、讓人驚訝的嚼勁與口感，就像雨後走在鄉間小路上，涼爽舒服的感受，那才是觀光客需要慢下來，細細體會美濃的真正滋味。

員山睡蓮，翩翩田田

八月是蓮花盛開的季節，從桃園觀音一路蔓延到台南白河。大部分的蓮花料理都以蓮子為主，冬天才有蓮藕可吃，很少吃到蓮梗為主的料理。我在宜蘭員山尚德村吃到的炒睡蓮梗，很消暑很有趣。

尚德村以養殖漁業和務農為主，這裡都是一望無盡的魚池與稻田。經營養殖水草與水草文化觀光的勝洋水草休閒農莊，是我印象非常深刻的地方。

和我同年的農莊主人徐志雄，皮膚黝黑、穿著雨鞋，個性純樸卻非常健談。我看到廣闊的蓮花池，蓮葉上盛開白花與黃花，蓮花翩翩、蓮葉田田，和岸邊水草、大樹與遠山倒影相互輝映。

他下池拔起一根長長的紫色蓮梗，清洗之後拿給我，像根細長的深紫色水管，我咬了一口，纖維非常細，味道清淡，志雄說蓮梗含有豐富鐵質，中空的蓮梗可以當吸管，小朋友喝完飲料後再吃掉，還能吃下營養。而且只有晚上開花的睡蓮才能吃，開白花的是綠蓮梗，開黃花的是紫蓮梗。

午餐有盤清炒睡蓮梗，由於蓮梗性寒，加入較為燥熱的薑片以及黃椒、紅椒拌炒，再用花雕酒提香，盤裡的綠色蓮梗與黃紅椒交錯，顏色鮮豔又開胃。睡蓮汆燙冰鎮後做成涼拌，也是炎夏一道開胃好菜。

八月的宜蘭又熱又多雨，是水草生長的旺季。志雄除了栽種台灣原生種水草，還有不少小時候長在田邊、村民拿來補充營養，或是養鴨的食物。由於水草都有獨特氣味，他根據不同水草的口感跟氣味，跟廚師討論研究，料理出精彩的菜餚。像常見的大葉田香具有八角香氣，以前是農夫下田前、將葉片塗抹在身上的天然防蚊液，因為香氣比八角溫和，甜度更高，也不像八角熬煮久了會苦，用田香來滷豬腳，既能降低放糖量，又能讓肉質更滑潤，豬皮更緊實彈Q。

對亞熱帶的台灣來說，夏日最漫長。康熙年間、西元一七一七年諸羅縣令周鍾瑄編修的《諸羅縣誌．雜識》，就描述台灣氣候的獨特性：「春燠獨先，夏熱倍酷，秋多烈日，冬鮮凄風。」八月立秋是暑氣的最高潮，也是揮別夏天的月份。余光中有本詩集叫《蓮的聯想》，書序寫著：「夏天是永恆的季節，尤其是在那不朽的島上，長相思的城裡。」

八月最令人長相思的，不只是蓮的聯想，還有桂圓與蘆筍的聯想。

勝洋清炒睡蓮梗

私房推薦

龍湖山咖啡　台南縣東山鄉高原村139-6號 06-6861880

桂圓咖啡得在桂圓產季才有，咖啡雞、咖啡水果捲也是值得嘗試的特色料理。東山咖啡園區（一七五縣道）有二十多家咖啡館，各有特色，龍湖山咖啡結合園藝與咖啡，老闆也種龍眼，運氣好還可以買到桂圓。

勝洋水草休閒農莊　宜蘭縣員山鄉尚德村八甲路15-1號 03-9222487

田香滷豬腳、睡蓮梗紫蘇葉涼拌沙拉，或是軟絲裹上微帶辛辣的刺芹、西滷肉羹湯放入含天然膠質的蓴菜，都是不可錯過的水草美食。

勝洋是我從事多年三一九鄉採訪以來，印象最深刻的地方，除了景色、清水混凝土蓋的「宜蘭厝」風格建築，老闆從台灣各地蒐集的原生種水草尤其難得。這裡原本是養殖鰻魚的魚塭，生意失敗後，第二代的徐志雄轉型養水草，販售給水族館。他一方面希望能提昇水草文化，讓更多人體驗水草特色，另一方面訓練村民當解說員，讓村民有就業機會。我每次去，農莊幾乎滿滿的都是客人，大家不只可以享用水草餐，還有精彩的水草解說，邊走邊聽邊摸邊聞，甚至可以發現獨角仙攀在樹上的蹤影。

九月

白露・國曆九月七日或八日—秋分・國曆九月廿三日或廿四日

虱目魚・吳郭魚・芋頭

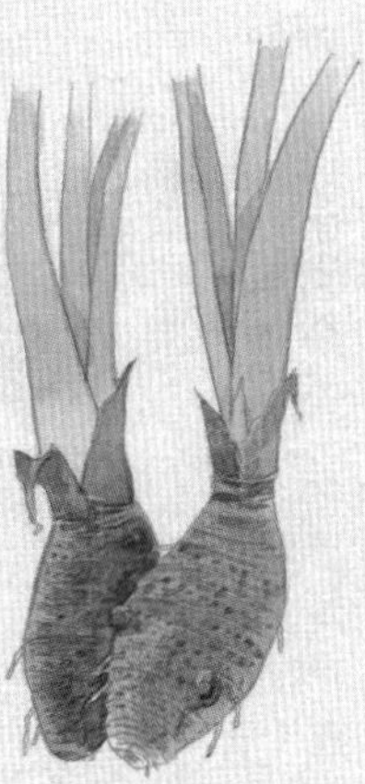

「冬吃頭、夏吃尾，春秋吃滑水。」很久以前聽台南朋友講過，不同季節吃虱目魚的訣竅。在已有秋意的白露節氣，我在台南嚐到肥嫩嫩的虱目魚肚，才知道秋天吃滑水的華麗滋味。

秋天是虱目魚最肥美的盛產期。傳統的虱目魚養殖方式是利用潮汐流動、引入海水的淺坪式養殖法，而且虱目魚怕冷，得跟著四季氣候運作，「春天整坪，夏天養殖，秋天牽魚，冬天休漁」，漁民告訴我，跟著大自然節奏，就是最環保的方式。

秋涼的早晨，霧氣尚未散去，我走出安平運河旁的飯店，四處閒晃，在台北，此時應是出門趕上班的時刻，在台南卻看到運河兩岸出現一大堆悠閒釣魚的中年男人，箱子裡早已裝了好幾條虱目魚。我好奇的問：「釣回家當早餐嗎？」「沒啦，釣趣味的！」

有人釣魚，有更多人吃魚。飯店對岸的虱目魚攤早已坐滿人，埋頭唏哩呼嚕的喝虱目魚粥、啃魚頭，味道太誘人了，我忍不住坐下來點了肉燥飯與虱目魚湯，魚湯極鮮美，我只吃半飽暖胃熱身，因為等會兒還要去西門圓環阿堂鹹粥大吃一頓。

虱目魚

從清晨五點營業到中午、五十年老店的阿堂鹹粥早已人聲鼎沸。我找到空位後，點了虱目魚肚粥與魚腸，這碗用生米、小魚、虱目魚骨熬煮的粥，除了主角虱目魚肚因為體積龐大，霸氣的橫躺在碗公上，配角也很豪華，包括煎過、增加甜味口感的土魠魚肉與蚵仔，加上鮮綠的韭菜花，讓滾燙熱粥幾乎看不到蹤影。

全身都是寶，不變老滋味

魚肚的油脂滑嫩，肉質清甜，加上土魠肥厚的滋味，以及處理乾淨、口感香脆的魚腸內臟，讓我的胃與腦瞬間甦醒。

虱目魚裡外全身都是寶，但多刺卻讓人又愛又恨，全身上下二百一十二根刺，尤其背上最多，通常都是將背肉冷凍後打碎製成虱目魚丸。

要馴化虱目魚，刀工最重要。阿堂鹹粥的刀工就不簡單，第三代專門切魚的弟弟，就在店外一角展現庖丁解魚的神技。他每天得處理三百多條魚，卻氣定神閒，抓起無頭魚身放在檜木砧板上，掌心輕壓魚身，神情專注，一刀迅速劃過，立刻分成上下兩半，再一刀剖下魚肚，前後不到二十秒。

他的哥哥則穿著一貫的迷彩短袖，埋頭掌廚，敏捷忙碌地抓料、燙魚肚、舀粥，並帶著機械舞風格擺肩移身的節奏，大約十七秒煮好一碗粥。哥哥說小時候父親嚴格要求煮粥的步驟跟速度，他怕燙又怕父親斥責，就擺肩移身鬆弛緊張心情，久了就變成習慣，不這麼攪動反而不會煮粥了。

我正埋頭大吃，遠方出現一對身影，一個中風走路遲緩的阿伯，讓一個年輕人攙扶著，兩人前進速度極慢，我數著他們的步伐，有點擔心，不知道阿伯吃力行走的模樣能否撐到這裡。

大約兩分鐘後，終於走到，坐在我隔壁桌，年輕人點餐時，阿伯表情無精打采，愁苦委靡。沒多久，熱騰騰的虱目魚肚粥端上桌，阿伯眼神立即活絡起來，迫不及待舀粥來吃，大口咬下魚肚，接著啃魚頭，又喝了一口粥，他終於抬起頭，原本歪斜的嘴角竟呈現滿足的微笑曲線。

他的開心笑容讓我難忘。店員告訴我，這個阿伯每週固定來吃三天，而且堅持不外帶，要親自走來吃，因為他從年輕吃到現在，一定要吃到剛料理好、最新鮮的虱目魚。

出身台南新營的作家阿盛，在〈流銀虱目魚〉這篇散文提到，家鄉有個前清老秀才，近九十歲時，牙齒剩不到十顆，但一次可以啃六個虱目魚頭，令人稱奇。虱目魚不變的老滋味，讓老饕返老還春，彷彿咀嚼出最鮮美的生命年華。

虱目魚最講究新鮮，從離開水面到宰殺、料理上桌，不到四小時，難怪我在台北吃過的虱目魚，味道總不如台南在地的新鮮。

為了新鮮，台南人習慣趕早吃虱目魚，稍微晚到，限量的魚腸賣完了，再晚一些，連虱目魚的影子也沒了。

在地饕客其實最愛吃有刺的虱目魚，用嘴就能將魚刺一根根挑出，細嚼慢嚥出快感跟成就感。一個住在國外的朋友，最懷念小時候吃虱目魚的「痛苦經驗」，在美味魚肉與一堆刺之間掙扎，她跟外國朋友說，魚要多刺才好吃，懶惰的人吃不到好吃的魚。

也許這就是虱目魚的魔力，為了美味得勤奮早起，有了營養與飽足感，才有元氣的一天。

我每次到台南，前一晚都在盤算隔天的早餐路線，先到阿堂鹹粥報到，再去保安街吃阿鳳虱目魚浮水魚羹，中午之後才吃肉圓、米糕與碗粿。

有五十三年歷史的阿鳳虱目魚羹，料理方式和一般虱目魚漿店不同。魚漿外表白淨飽滿，吃下去還有細膩之處，魚漿本身是新鮮虱目魚肚、多刺的魚背與旗魚肉打成，再包上厚實的虱目魚肚肉，漿中含肉，層次豐富，再配上烏醋、薑絲，以及台南最特別的甘甜湯頭，一定得連吃兩碗才過癮。

什麼魚？牽腸掛肚鄉愁魚

全世界很少有一個城市像台南，跟魚生生世世緊密纏綿，衍生獨特的料理方式、悠緩的生活步調，孕育民生經濟與歷史文化。

鄭成功在一六六一年五月拿下普羅民遮城（今天的赤崁樓），接著包圍熱蘭遮城（今天的安平古堡），與城內荷蘭人對峙數月，因為颱風影響，金門與廈門糧食補給不及，台灣本地種植的作物也來不及收成，情勢危急，當地農民獻上撈捕的銀白色、眼睛如銅鈴的魚來勞軍，鄭成功用泉州話詢問「什麼魚？」漁民誤以為他在命名，訛傳成「虱目魚」。

也許是穿鑿附會，虱目魚卻是在鄭成功指示下，開挖魚塭養殖，成為供應部隊穩定伙食的來源，讓虱目魚有「國姓魚」之稱，台南也發展成虱目魚最重要的養殖重鎮。

日治初期來台任官的佐倉孫三，在《台風雜記》記錄他到台灣南部考察時，看到當地人稱為「糞魚」的虱目魚，是飼主將乾燥豬糞丟進池中幫助池底藻類生長，虱目魚再去吃藻類，顯示漁民懂得自然循環的奧妙。

這種特殊方式，讓虱目魚在東港被稱為海草魚，一直到今天，七股還是用這種生態養殖方式放養虱目魚，但改良成加米糠幫助海藻生長，米糠也能成為魚飼料。七股朋友說，他們使用到膝蓋高度的淺坪低密度養殖，水淺陽光照得到，海藻長得快，虱目魚光吃海藻就能養大長肥，冬天整坪，曬乾魚塭底土，白鷺絲跟黑面琵鷺還會來此覓食小蝦。

不少地方的魚塭為了經濟效益，用抽地下水的高密度深水坪來養虱目魚，因為地下水溫度較高，讓虱目魚比較能耐寒，冬天能賣好價錢，口感卻遠不如海水養殖的好。

虱目魚的價值數不盡，若不是夢幻美味，哪能讓我們牽腸掛肚？尤其在九月魚肥肉嫩的盛產時刻，虱目魚更是濃得化不開的鄉愁。

中國歷史上最有名的鄉愁之魚，就是江南第一名魚——松江鱸魚，晉朝張翰在洛陽為官，見秋風起，想念家鄉吳郡的鱸魚膾，寫下這首詩之後辭官還鄉：「秋風起兮佳景時，吳江水兮鱸正肥。三千里兮家未歸，恨難得兮仰天悲。」

乾隆二十八年、西元一七六三年來台任官的朱仕玠，第一次嚐到台灣的虱目魚，驚豔之餘，寫下這首詩：「鳴蜩幾日弔秋菰，出網鮮鱗腹正腴。頓頓飽餐麻虱目，台人不羨四腮鱸。」由於松江鱸魚兩側的鰓另有凹痕，看似四鰓，又名四鰓鱸，滋味能勝過松江鱸魚，讓清朝文人秋天樂不思鄉，只有虱目魚才有這種美譽。

唐魯孫在〈米糕滷蛋虱目魚皮湯〉這篇短文提到，台南市民族路上賣米糕隔壁攤賣虱目魚皮湯，是將魚皮抹上虱目魚漿，放入排骨湯煮熟，再跟米糕、滷蛋一起吃，在地人說是天下絕味，遊子離家念書，想到這三種滋味都哭了起來。

在台北工作的台南朋友想家時，最思念母親的煎虱目魚肚，跑去夜市吃虱目魚肚湯聊慰鄉愁，卻嫌棄跟魚乾一樣乾澀難下嚥。也許離開家鄉的虱目魚，到了台北也會水土不服。

虱目魚能讓人百吃不厭，還是跟漁民的細心養殖，料理人的扎實功夫有關，那是用時間累積的哲學。

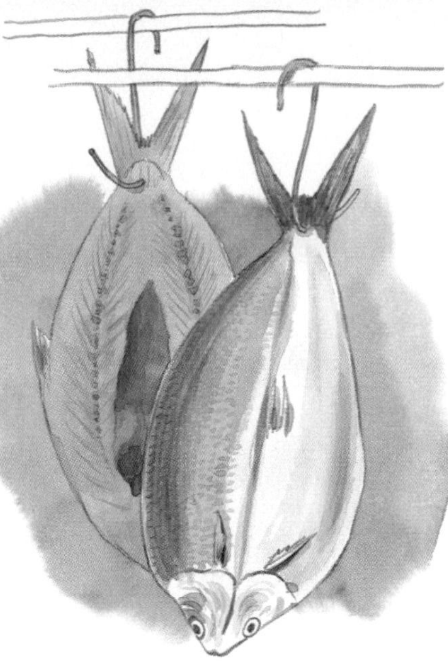

七股人在廣場上曬虱目魚乾，都高高懸掛，防止貓兒躍起偷吃。

七股魚乾好咬勁

我到養殖虱目魚的故鄉——台南七股，這裡一望無際、星羅棋布的魚塭，像個迷宮讓外地人迷路，昔日是浩瀚壯闊、可泊千舟的台江內海，如今已遭淤積成為內陸，七股潟湖是碩果僅存的遺跡。

涼風徐徐的黃昏，驕陽淡出，虱目魚塭靜美的像幅畫。我正安靜欣賞魚鄉之美，突然看到有人乘竹筏在魚塭中急速繞來繞去，接著銀白色的虱目魚群驚惶躍出水面，掀起嘩啦嘩啦聲響的水花，氣勢壯觀。

原來這是「弄魚」，為了凌晨三點撈魚，現在得驚嚇魚群，讓牠們排掉腸內糞便雜物，才沒有土味。

凌晨三點，漁工們就位，燈光照在魚塭中，漁工拍打水面將魚群趕到漁網包圍的區域，水花四濺，聲響在寂靜夜晚更為巨大。漁工開始將魚裝在簍中往岸上送，岸上有人將魚放入冰水中保鮮，接著分類、秤重，最後送往去鱗區，好幾個阿姨穿雨衣、戴口罩與帽子，用電動除鱗器迅速去鱗，十秒就解決一條，魚鱗如雪花般往她們身上激射飛舞，只有機器單調聲響空自迴盪。

過程中，大家安靜專注，或是叼根煙，或者吃檳榔提神，空氣中盈滿濃重魚腥味。只見一尾尾銀白虱目魚靜靜躺在桶中，等待裝箱上車，送往各地零售魚市場，準備清晨五、六點在虱目魚攤見客。

短短兩小時的緊湊忙碌後，吃點心了。我們跟著漁工一起吃虱目魚飯湯，這是將飯放入熱騰騰的虱目魚湯中，好鮮美，好多刺，鮮味的刺激讓我更餓，緊繃的心情也隨之放鬆。

這是跟台南悠然氣氛截然不同的夜晚。七股人不太吃虱目魚粥，因為熬煮費時，反而吃虱目魚飯湯；七股沒有什麼餐廳，大家又都忙於勞動，最常吃的是浸過鹽水或抹鹽、經太陽曝曬的虱目魚乾。

虱目魚乾充滿庶民的灑脫豪氣。魚乾可以下酒，也能跟五花肉一起紅燒，不用放醬油，豬肉吸了魚乾的鮮味與甜味，等於吸飽了大海跟太陽的養分，再配一碗虱目魚清湯，滷汁還能拌飯，下飯又營養。單吃虱目魚乾也很過癮，可煎可烤，刺酥脆好剔除，也好入口，很有嚼勁，鹹鹹香香，越嚼越有味，很想灌上一大杯啤酒。甚至可以做成「一夜乾」，只有表皮風乾乾燥，鎖住了水分與美味，魚肉仍細緻如果凍，乾煎不像煎新鮮虱目魚會油爆，肉質香甜不乾澀。

朋友推薦我去七股的外國安虱目魚料理餐廳，一開始對店名充滿疑惑，原來是早期有個國安魚塭，因為面積大，被區分為外國安、內國安、中國安，真是既在地又異鄉。

外國安餐廳老闆陳俊雄肚子大大的，每天騎著一台有四十五年歷史、五百CC的BMW重型機車上班，他自家養虱目魚，自己研發虱目魚創意料裡，號稱可以做出數十道虱目魚大餐。

他的料理讓虱目魚有不同的好咬勁，充滿七股豪情。魚皮炒芹菜是用魚皮帶肉炒芹菜，脆魚皮跟嫩肉相連，搭配芹菜特有香氣，很下飯。鹽酥虱目魚是用多刺的魚背肉，切成小塊，浸泡在醋中兩天，讓魚刺軟化，裹上地瓜粉後下鍋炸，吃起來很像嫩雞塊，但更為緊實。

乾隆時期台南詩人章甫搭船從台江內海離台，回首遙望故鄉時，寫下〈沙鯤漁火〉：「沙鯤七線鎖台灣，天險東南設此關。無數漁舟連海岸，幾家煙火出江間。風搖螢點參差碎，浪拍星光錯落圜。夜半烹魚眠醉夢，不知身在水中山。」

這首詩讓我懷念七股夜色，銀白鱗片在夜裡熠熠發光，池水激盪如浪，一群人或站或坐，吃著熱騰騰的虱目魚飯湯，那是秋天最想念的滋味。

吳郭魚，鮮甜之鯛

台南養殖漁產有三寶，虱目魚、蚵仔與吳郭魚，秋天不只虱目魚肥，吳郭魚更

吳郭魚

吳郭魚要美味好吃，生長環境跟飼料最重要。

肥。跟多刺的虱目魚相比，吳郭魚肉多且沒有暗刺，但在一般人印象中，有土腥味且低價，只能用紅燒等重口味去壓土味，上不了檯面，我卻在台南麻豆吃到鮮嫩、清新無土味的吳郭魚料理。

麻豆有個特別的漁農李宗銘，他用改良後的吳郭魚品種——台灣鯛，重新改變養殖過程，創造新的料理方式，讓我又愛上了吳郭魚。

走進他經營的巧匠舞音台灣鯛料理餐廳時，先看到一大片吳郭魚塭，寧靜氣氛中只有池裡的水車打水聲。餐廳很乾淨，李宗銘正將魚身抹滿厚厚的鹽，包在錫箔紙內，送到烤箱裡做鹽焗鯛魚。

上桌時，打開錫箔紙已聞到一股淡香，剝開厚鹽外衣，軟嫩的肉質配上淡淡鹹味，一點土味也沒有，反而激盪出鮮甜，讓人意外品種改良之後台灣鯛原味的天生麗質。他說，只要乾煎、清淡烹調就能引出甜美原味。

接著包台灣鯛的清蒸小籠包與泰式檸檬魚上桌，同樣的肉質，卻因為料理不同，口感也有多樣變化。他看我吃的驚訝又開心，自信的說已經研發兩百多道料理，我每次來一定會吃到不同變化。

料理看似簡單，但是改變台灣鯛體質的過程卻很艱辛。原本是家具設計師的李宗銘，父親是養殖吳郭魚的漁農，九年前父親中風，他接班後想改變吳郭魚土味過重的低價值窘況，發現改善體質的關鍵，在於飼料跟養殖環境。

由於傳統吳郭魚都是用豬與雞的排泄物當肥料，父親採用綜合養殖，同時養魚豬雞。他卻決定賣掉上千頭豬跟四萬隻雞，接著改善魚塭水質，把池底泥土翻挖曝曬，再以綠藻、水草過濾水，這種作法類似七股養虱目魚的方式。接著他用更有機安全的飼料養殖，改善吳郭魚的體質，去除土味，讓肉質有彈性、油脂分佈均勻、纖維更細密，念工程的他還建立生產履歷與ＩＳＯ認證，輔導十多位漁民一起提昇價值。

為了改良台灣鯛，他賠了許多錢，卻仍像個傳道士到處去教社區媽媽料理台灣鯛，鄰近漁農認為他是瘋子，不願加入他的產銷班，反而是其他鄉鎮的漁農跑來找他合作。因為相信，所以堅持，鮮甜肉質的背後，是苦與汗的累積。我跟李宗銘去看魚塭，他下池撈了一條體型龐大的台灣鯛，魚身是兩個人頭的大小，我對他豎起大拇指，他的笑容比陽光燦爛。

吳郭魚是來自非洲的熱帶魚種，南部是主要養殖區域，我在宜蘭員山也吃到極甜嫩的吳郭魚。

勝洋水草農莊不只養水草，還用水草養吳郭魚，上桌的清蒸吳郭魚，是切成一

芋頭

片片帶皮的魚塊，再用豆腐襯底，上頭淋點酸甜醬汁與蔥花，一口吃下去，沒有土味，而是魚皮的甜、魚肉的嫩與豆腐的滑三者交融，很豐富很清爽。

「一般人很少做清蒸淡水魚，我們是很有自信才敢端出來。」老闆徐志雄說這是用雪山的泉水滋養的魚，由於宜蘭日照不如南部，一公斤大的吳郭魚南部只要養八個月，員山卻得養上一年半，可能是比較成熟，養分充足，反而讓肉質更結實，散發熟齡風味。

要改變吳郭魚低下的地位，先天環境最重要，只要吃得好、住得好，就有好體質，簡單的清蒸、鹽烤或乾煎，就能料理出真滋味。

簡單的道理，卻得靠無止盡的傻勁來完成，就像吳郭魚之味。

溫柔香芋、秋之禮讚

農諺說「八月芋」，秋風起，農曆八月中秋節，正是芋頭的盛產期。

我愛吃甜食，尤其最愛芋頭，真是秋之禮讚。芋頭是集美女跟野獸於一身的食材。外表毛茸茸、醜鄙粗獷得嚇人，黏液更讓人奇癢無比，但內在卻是溫柔細密，淡淡紫色，高雅秀氣。

我念圖書館系的叔叔，年輕時是個詩人，筆名詩爾，現在在竹山的一個山坡地種絲瓜與芋頭，每年中秋之後，他都會寄一箱芋頭給我們，我母親得戴手套削

數百年前，芋頭跟原住民生活最密切，日後才逐漸成為漢人農家主食。

皮，有幾次不小心觸到皮膚，差點癢得不想煮芋頭甜湯，我太太第一次削芋頭時，忘了戴手套，癢了兩天，想到芋頭就想到癢。詩人種的芋頭果然如詩般綿密細緻，加上母親與太太的愛心加持，是我最愛的芋頭口味。

我一直相信，最庶民的飲食，儘管質樸，卻是最有歷史深度的平凡味。芋頭是其中之一。中國自古以來，芋頭就是庶民主食，也是詩人謳歌的對象。唐朝王維寫著：「夕雨紅榴拆，新秋綠芋肥。」秋天綠色的芋葉肥碩，地下的芋頭也熟透了。

流放嶺南的蘇東坡，困頓中不忘書寫料理芋頭方式，他在〈記惠州土芋〉說要去皮，用溼紙包住煮食，「則鬆而膩，乃能益氣充肌」。

清代許多文人來台，看到原住民種的芋頭又大又肥種類又多，內地簡直無法比，不少遊記都寫下對芋頭的描述與讚賞。芋頭也逐漸成為漢人農家的主食，同治年間舉人楊浚就有詩作：「側聞途民鼓腹歌，萬家都飽芋田飯。」

芋頭不只萬家飽，也是一種饋贈結緣的禮物。文化人類學記載南太平洋群島原住民互贈芋頭代表友誼，清代漢人男女在七夕時會互贈加糖煮熟的黃豆、龍眼與芋頭，迎娶時，女方送香蕉、鳳梨、芋頭、柑橘給男方。

陳淑華在《島嶼的餐桌》提到，老家在屏東潮州的朋友，七夕這天的習俗是吃芋頭湯，我想甜膩的芋頭，應該代表甜蜜長存的祝福吧。

俗稱小金門的烈嶼鄉，最出名的就是烈嶼香芋，這裡的土壤是紅黏土，芋頭長得特別粗大，口感跟台灣檳榔芋種的滋味很不同，特別鬆軟，不誇張的入口即化，即使移植到大金門種植，也種不出烈嶼的味道，而且產量有限，外地人只有來此才能一飽口福。

這種夢幻芋頭都做成鹹料理，芋頭豬腳是金門在地美食，金門豬都是熟齡豬，不是很經濟理性的豢養，反而有點隨興，都是養到很成熟之後才祭五臟廟。我吃到豬腳的緊Q與芋頭香，而且不油膩，另外，芋頭摻入豬腳的肉香，鬆鬆軟軟甜甜鹹鹹，很特別的味覺經驗。

台灣本島從北到南都產芋頭，但較少人知道北海岸的跳石芋，夢幻程度跟烈嶼香芋不相上下。生長在北海岸金山永興村梯田的跳石芋，美麗的海岸風景跟大甲、公館、甲仙等芋頭產區很不同。梯田面對一片無際礫石成堆的海岸線，早期先民往返金山、石門，經過這段都是等海水退潮後，擔著沉重農漁物品，賣力踏石跳躍而過，此地就被稱為跳石海岸。

由於土壤貧瘠，稻作一年才一熟，農民只好轉種芋頭，沒想到大屯山爆發的灰

東北角貧瘠的土壤，一年只能一穫，永興村稻農轉種芋頭，
反而種出又香又鬆又甜的芋頭。

燼堆成的土壤，具有黏性，而且地底有酸性硫磺鹽泉，讓土地帶有高鹽分，加上濃重鹽分的海風與海霧吹拂，不利的環境卻讓跳石芋又鬆又香又甜，纖維細嫩。由於產量少，主要是農民在路邊擺攤或是賣到金山傳統市場，不偶然路過此地，根本發現不了。

有次跟朋友到金山，意外在市場攤子吃到又嫩又鬆的芋頭湯，店家告訴我這是跳石芋，產量不多，要吃得碰運氣，後來特地去跳石海岸一趟，梯田上的芋葉又大又綠，只見一個阿伯低頭整理芋頭田，他說一個多月就賣光了，「少年ㄝ，明年要卡早來。」

新竹市北門街六十多年歷史的葉家大粒粉圓，大甲芋頭做的熱芋泥很特別，口感像晶瑩剔透、濃稠細滑的蓮藕膏，在地人會拌上一點油蔥，淡淡鹹香的油蔥味，反而更凸顯芋頭的香甜，老闆說區隔本地人與外地人的方式，本地人都主動要放油蔥，外地人則是立即拒絕。

我入境隨俗，一吃就上癮。唉，加油蔥才是王道啊！

勝洋清蒸吳郭魚

外國安蒲燒虱目魚

私房推薦

阿堂鹹粥 台南市西門路一段728號

想吃虱目魚料理，記得早起，否則魚腸就沒了，也最好避開假日，因為假日多是遊覽車滿載的觀光客前來報到。

阿鳳浮水魚羹 台南市保安路59號

浮水魚羹吃大碗的才夠味，不建議加麵，因為會吃太飽。

阿鳳特色是湯頭很甜，這是沿襲以往台南人愛加糖和鹽的習慣，因為早期糖、鹽都是民生缺乏的調味料，台南是台灣首府，有錢人特多，湯頭又鹹又甜，不就是有錢人的象徵？阿鳳說他們已經改良過，沒那麼甜了，不過，我還是覺得偏甜，就入境隨俗吧！附近還有蝦仁肉圓、豬心冬粉等著大家。

外國安虱目魚料理 台南縣七股鄉龍山村西232號 06-7872039

蒲燒虱目魚和鹽酥虱目魚製作得很用心，值得一嚐。七股魚塭容易讓人迷路，但路上會有外國安的招牌指示，萬一看到一間不起眼的鐵皮屋，目的地就到了。

巧匠舞音台灣鯛料理餐廳 台南縣官田鄉隆田村中山路二段207號 06-5790606

鹽焗鯛魚、泰式檸檬魚和清蒸小籠包，可嚐到吳郭魚三種料理方式的截然不同滋味。也可請主廚推薦、自由發揮，主廚還會親切的解說與聊天。

勝洋水草休閒農莊　宜蘭縣員山鄉尚德村八甲路15-1號　03-9222487
有多種吳郭魚料理，清蒸最能吃出魚肉淡雅的原味。他們還有一道甜點芋頭冰，又冰又甜又有芋頭香，比草湖芋仔冰更好吃。

葉家大粒粉圓　新竹市北門街83號　03-5256763
熱芋泥一定要放油蔥，才夠香夠在地。
不妨先到同一條街上的「鴨肉許」北門分店（北門街35號）吃碗鴨肉麵，再散個小步去吃甜點。鴨肉許的鴨肉麵，是用蒸籠蒸出的鴨汁，淋在每天現做、以小鍋現煮八分鐘，維持熟度與Q度的油麵上，再搭配以玉米、黃豆飼養的屏東鴨肉，從肉、麵到熱湯都是精華，爽快淋漓！鴨肉許由好幾個女兒接班經營，每家分店口感略有差異，北門分店是在地人首選。

十月

蚵仔・文蛤・高麗菜

寒露・國曆十月八日或九日
霜降・國曆十月廿三日或廿四日

十月深秋，寒露霜降如約而來，九降風吹起更濃的秋意。

向晚的台西海港，九降風的流動，讓夕陽深邃迷濛，金黃雲彩層疊如畫，蚵田裡的參差蚵架，沐浴在薄暮流彩中。朋友說，大雨過後，還能看到海上彩虹，這是他從蚵田返航途中，最著迷的景色。

舊名海口的台西，處在「風頭水尾」的東北季風和颱風迎風面，陽光漸隱，海邊溫度就急速下降，陣陣寒意讓我直打哆嗦。

黑夜來的特別快，還沒七點，台西最大、最古老的廟宇安西府，已經寂靜漆黑，無人的廣場感覺特別蕭瑟。眼前突然出現一台演布袋戲的發財車，對著空寂廣場熱烈演出，戲板上寫著台西東興閣，還有歐美雄三個大字，應該是團長的名字。我好奇溜到後台，看看演者是否偷懶對嘴，只見一個師傅賣力舞動雙手中的兩個戲偶，語調時而輕柔、時而激昂。

我有點不好意思，走回舞台前，坐在地上跟神明一塊靜靜欣賞。狂風中，暗紅色的舞台燈光一點一滴被黑夜蠶食，我有些感傷，懷疑這趟台西之行是不是太衝動了？

當初聽台西朋友說，台灣人去過台北、台中、台南與台東，大概一輩子都沒

蚵仔

去過台西。我問台西有什麼？他說在一望無際的海岸欣賞落日，一邊吃著鮮蚵，最美。

深秋台西海滋味

這個情景觸動我，決定一探究竟。但鮮蚵還沒吃到，就已被海風灌飽，還好到了跟朋友相約的吃飯時間，我走進在地餐廳，客人三三兩兩，朋友點了當令的紅燒豆仔魚、炸蚵酥、鐵板文蛤與文蛤清湯。

一會兒菜陸續上桌，豆仔魚很清嫩，魚腹豐厚的魚卵，滋味特別，從盛夏到秋天盛產的蚵仔，更展現台西的肥美，在炙熱鐵板上張開大嘴的文蛤，門戶大開，模樣誘人，我吸完蛤殼帶有海洋滋味的湯汁，再咬下滑嫩緊實的身軀，接著擠滿文蛤的清湯上場，用薑絲與一點點鹽巴就引出文蛤的鮮味。

如果不是刺骨的冷風、豐沛的陽光與濁水溪出海口的河海交界，很難滋養出蚵仔和文蛤的鮮美。來台西嚐鮮，不先經過風吹日曬的洗禮，就無法深刻嚐到海洋的當令滋味。

在地養蚵又養文蛤的朋友阿銘哥，五官被海風雕刻得黝黑深邃，穿著短褲、藍白拖鞋的他經常露出無奈卻又似笑非笑的表情。他看看時間，夜晚是退潮時刻，吃完飯、打幾圈麻將之後就得出海去蚵田巡巡。他說台西人沒在放假，一切

雲林沿海處處可見認真工作的青蚵嫂。

時間都跟著潮汐走，日日夜夜都得工作。

隔天清早，我在安西府旁邊的攤子吃了蚵仔煎、蚵嗲，手藝普通，但是最新鮮、用料豪氣的食材就能征服我。

吃飽閒逛，看到家家戶戶門口掛著滿滿一大串的蚵殼，像是門簾，路上也經常見到堆起如小山的蚵殼。一個阿婆坐在一旁整理蚵殼。她將蚵殼用打洞機釘個洞，再用尼龍繩串成一條，十條結成一串，阿婆說串一條工資一元，一大串十元。

我一直不解串蚵殼的用途，又不是裝置藝術。阿婆解釋，這是要放到海裡吸引蚵苗附著的方法，原來這是台西特有的養殖方式，專門培育蚵苗，再販售到台灣各地，台西的蚵仔育苗與文蛤產量都佔全台六成，也是台灣第一。

白露節氣之後，正是將蚵串帶到潮間帶放養、附苗的時節，另個朋友阿郎哥算算潮汐時間，午後正逢退潮，就帶我乘竹筏出海巡蚵田。

我穿著連身青蛙裝，阿郎哥啟動馬達後，看似簡陋的動力竹筏就嘟嘟嘟的出航，陽光耀眼、海風狂野，竹筏勁飆，沿路上蚵架參參差差，眼花撩亂，每個蚵農都能認出自己的田，到了阿郎哥的蚵田，我們一下海就踩到泥濘的海底，感覺非常特別。

我看到一片蚵殼上附著數十個黑點，表示蚵苗已經附著，阿郎哥說蚵苗如果一直暴露在水面上，不易成長，如果一直放養在水中，過度吸收藻類，營養過剩，移到其他地方養殖，會不適應外界環境，也不易長大，在潮間帶經過潮汐變化的衝擊，會淘汰虛弱蚵苗，讓茁壯的蚵苗能緊實附在蚵殼上，長大的體型跟味道才更扎實，更Q脆。

這種養殖方式很像放養土雞，蚵仔是很貪吃的生物，漲潮時開始猛吃不停，退潮浮出水面才能進行消化，得控制食量以免肉質像肉雞一樣軟爛無嚼勁。

美國知名飲食文學家M.F.K.費雪在《牡蠣之書》開頭就寫著：「牡蠣過著恐怖但刺激的生活。」她說蚵苗在大海任意漂流，隨著潮汐來去，在歷時兩週的無憂少年時代，找到乾淨平滑的棲息所，日後的歲月仍充滿壓力、激情和危險，因為會遇到各種天敵，就算逃得過，最後還是被人類一口吞下。

我看著蚵苗，只可惜不是長大的蚵仔，否則我當下用海水洗洗，一口吞下，解脫它的壓力。

看著阿郎哥跟他叔叔一起安靜的工作，整理蚵架，採收已育成的蚵苗，這一大串賣出去才兩百元。潮間帶育苗的方式，很像台西人的個性，日日夜夜、雨天晴天，無怨無悔隨著潮汐作息，重複的進行綁棚、整理蚵殼、掛蚵殼、採苗、育苗，讓肥美的海蚵在各地開花結果。

蚵仔平民第一絕

蚵仔也見證台灣西岸沿海的滄海桑田。又稱牡蠣的蚵仔，在台養殖歷史很悠久，根據一八九九年日本人萱場三郎對台灣養蠣事業的研究，距離當時一百八十年前泉州人來台從事漁業，將牡蠣養殖帶到嘉義，成為台灣養蚵業的開始，這樣推估養蚵業發展應該快要三百年。

古代吃蚵最有名的是流放海南島的蘇東坡，他在當地吃到牡蠣的美味，感嘆：「今之富家巨室，窮山之珍，竭水之錯，南方之蠣房，北方之熊掌。」美食還是在地的好，富商汲汲營營的牡蠣，在海濱的窮鄉僻壤，卻是家常的營養美味。

清道光末年，遠從浙江渡海來台到新竹落籍的查元鼎，在〈積穀待價歌〉這首詩批判奸商囤穀居奇的不當行徑，寫到「粗蠣熬粥勝醍醐」，蚵粥成為當時窮人充飢的食物。而一八九五年出生的嘉義東石名儒黃傳心，在〈東石漁港竹枝詞〉描寫蚵鄉的繁忙，現在看來仍歷歷在目：「活計家家堆牡蠣，編籬處處植麻黃。無邊海水斜陽外，對對搖罾（ㄗㄥ，漁網）入港忙。」

蚵仔在台灣是非常平民的食物，處處可吃到蚵仔煎、蚵仔麵線、蚵仔湯。我印象深刻的吃蚵地點是在屏東東港的大鵬灣，這個風平浪靜的潟湖，過去是日本神風特攻隊的訓練場所，戰後成為蚵架滿佈的魚塭，這幾年才改為觀光風景區，潟湖中央有座蚵殼島，是過去蚵農將蚵殼集中丟棄的地方，沒想到累積三十年竟成一個小島。我在島上吃炸蚵酥，看著一路與小船相隨的白鷺鷥，還有小魚躍出水面，感受非常有趣。

跟芳苑王功相近的鹿港，都是採用在地碩大的珍珠蚵，是我深愛的蚵仔天堂。鹿港天后宮附近有個臻巧味餐廳，蚵仔煎料理很細膩，不同於北部蚵仔煎只煎單面的作法，他們會煎兩面，邊煎還會修掉多餘的勾芡粉，每一口都會吃到飽滿的蚵仔。另個特色是用當天現宰溫體豬肉製成的肉燥，加上甜辣醬、番茄醬和糖混合比例的醬汁，一起淋在蚵仔煎上，有種鹹甜鹹甜的滋味。

天后宮對面還有家老牌的光華亭，是鹿港早期宴請客人的地方，他們的蚵仔煎作法是鹿港最傳統的料理方式，蚵仔煎不加地瓜粉、不加青菜，而是用三顆蛋加蚵仔、蔥下去煎，很像蚵仔蔥蛋，沒有勾芡，反而吃到蛋香、蔥香與蚵香，軟嫩適中。鹿港濠誠餐廳的麻油蚵仔蛋也頗有創意，用麻油、川七、山藥、枸杞、薑、蛋和蚵仔一塊煎，味道香甜又滋補。

曾在馬祖吃過道地美食繼光餅夾蚵仔蛋，貼爐壁碳烤的繼光餅是傳統馬祖早餐，夾上蚵仔蛋，成為一道創意料理，號稱馬祖漢堡，可以同時感受蚵仔蛋的香甜跟繼光餅的嚼勁，吃一個就很有飽足感。

聖物絕品惑之淚

價格跟名稱都很平民的蚵仔，在西方卻是高級料理，也成為文學的取材對象，但多半呈現階級差異的荒謬。像契可夫描寫一個窮孩子乞討到牡蠣，從未吃過這種高級食物的他，在眾目睽睽下，連牡蠣殼也吃下去，遭人嘲笑的悲劇。

西方跟台灣對待牡蠣料理大不同之處，在於台灣都是直接取肉，國外是帶殼生吃。作家詹姆斯．索特在《生命饗宴》說，牡蠣最佳吃法是法式生食，擠一點檸檬或醋，配上青蔥，佐以沁涼的白酒，就是聖物絕品。

台灣幾乎很少生吃蚵仔，我曾吃過生蚵加芥末，滋味普通，嗆味掩蓋住蚵的鮮甜，寧願吃未加調味的鮮蚵。M．F．K．費雪說，從清涼的海床採收送到盤中、未經沖洗、未加調味，肥美而健康、滋味細膩的牡蠣，比任何一種經過調製的牡蠣都來得美味。

費雪這麼說，大概數百年前台灣原住民就是蚵仔的知音。雍正年間來台剿匪的官員吳廷華，觀察當時平埔族生食魚蟹蠣蛤的習慣，寫下「從來不設烹魚釜，帶甲生咀鮮蠣黃」的詩句，不過到底當時應該是為了填飽肚子，美不美味反而其次吧。

智利作家伊莎貝拉．阿言德在《春膳》形容牡蠣是大海的誘惑之淚，滑溜的口感如一個悠長的吻，一定也是生食才有這種性感的感覺，難怪西方人老認為吃生蠔能夠壯陽，也許是品嚐某種出軌快感。

我想台灣人比西方幸福，因為蚵仔很平實親民，也沒有刻意要補身體哪個部位，卻是台灣人心中的高級料理，不需改名為「生蠔」，才有上流階級的身段。

只是我身穿青蛙裝、站在難以拔腿邁步的泥沼中，看著阿郎哥刻滿皺紋、卻笑

蛤仔

容滿面的模樣，覺得蚵仔不只是浪漫誘惑的淚，而是一個個孤島，外殼堅強、內在敏感深奧，就像英國文豪狄更斯在《聖誕頌歌》說：「像牡蠣一樣，神祕、自給自足，而且孤獨。」

我認識的台西人也是如此，夜晚獨自乘筏巡蚵田，仰望星星、傾聽潮汐的聲音，能自在面對大自然的順流逆流，默默為生存而努力。

胖胖蛤仔小湯包

午後，我在店名很鄉土的「蛤仔輝」餐廳吃了很有特色的文蛤料理，外形圓圓胖胖的蛤仔湯包。這是用文蛤熬成的高湯，與麵粉揉製成餃皮，再將蛤肉、豬肉與高麗菜攪拌做成內餡，蒸過之後，蛤仔湯汁跟蛤肉水乳交融，鮮美不油膩。

由於老闆本身養殖文蛤，他得先清洗、篩選，吐沙後再洗淨，接著熬成高湯，一百斤的文蛤只能熬出四分之一重量的湯，八斤的肉，「原汁原味很珍貴。」研發出蛤仔湯包的老闆娘說。

我去魚塭看採收文蛤，無數的文蛤就藏在龐大的魚塭池裡，只見幾個戴斗笠、臉包得緊緊、只露出眼睛，打扮像青蚵嫂的阿婆，面對面坐著一前一後互搖篩子，不同篩子有不同尺度，可以篩出不同體型的文蛤，然後再將同體型的文蛤裝入麻袋、過磅，丟上貨車。

養文蛤還有個密技，就是同時放養虱目魚，因為魚塭會長青苔，容易讓文蛤窒息，虱目魚可以吃青苔，一舉兩得，文蛤收成完，還能捕虱目魚。

難怪「蛤仔輝」有一道虱目魚香腸，用自家養的虱目魚加上豬後腿肉灌出來的香腸，同時吃到虱目魚的軟嫩與豬肉的嚼勁，是好吃的在地特產。

不論是一顆蚵仔還是一顆文蛤，都是一個具體而微的海洋。智利詩人聶魯達在〈太多名字〉這首詩寫著：「直到世界上所有的光／像海洋一般地圓一。／一種慷慨、碩大的完整。／一種爆裂、活生生的芬芳。」

來到台西，才會感受自給自足的蚵仔與文蛤，像海洋的心跳，飽滿圓潤，且活生生的芬芳。

高麗菜飯好元氣

蚵仔很平民，俗稱高麗菜的甘藍，也是最普遍的家常菜，從水餃、火鍋、水煎包、自助餐到家裡的餐桌，處處可見蹤影，連大詩人周夢蝶早餐都吃兩個高麗菜包，中午則吃十元的白飯配二十元的高麗菜。

高麗菜雖然一年四季都可吃到，但是秋冬之際才當令，台灣本土甘藍品種有個優雅名字——初秋，初秋栽種，深秋盛產。

充滿異國情調的高麗菜，本身就是創造元氣的來源。甘藍又名高麗菜，緣由很

高麗菜

有趣，據說是日本認為甘藍營養價值高，有元氣，引進台灣推廣，還找人高馬大的韓國（高麗）人來宣傳，展現吃甘藍的效果，另一說是日本人宣傳常吃甘藍會有高麗蔘的食效，從此甘藍變成了高麗菜。

吃高麗菜也許無法變成人高馬大的高麗棒子，卻是最日常平民的營養來源。跟其他蔬菜經過蒸、炒之後易軟爛的口感不同，能維持清脆口感的高麗菜，跟米飯是天作之合。作家楊索在一篇散文提到，小時候住在永和，父親入伍補服兵役，母親在市場賣玉蜀黍，剛念小學的楊索得在家照顧新生的弟妹，母親經常是將高麗菜和米燜煮成一鍋高麗菜飯，就去市場工作。一鍋高麗菜飯，也許就是供應全家人一天的食物。

高麗菜飯不只營養，也是回歸最單純美好的滋味。秋天我住在彰化田尾的民宿，民宿主人早餐買了北斗的高麗菜飯，我打開飯盒一看，只見一塊油亮亮的豬皮鋪在飯上，愣一下，撥開豬皮，才看到淋上滷汁的高麗菜飯，早餐吃這麼油膩？我想扒幾口飯意思意思就好，沒想到豬皮不油，Q滑順口，高麗菜又脆又軟又透，竟然吃光整盒飯，當天早上精神特別飽滿。

我很好奇北斗人為什麼一早吃高麗菜飯？住彰化田中、也是從小吃高麗菜飯當早餐的朋友說，她一直以為全台灣的人早餐都是吃高麗菜飯，一直到台北工作之後，才發現真相。

彰化也是生產高麗菜的重鎮，以溪湖、大城、竹塘為主要生產區，由於務農，早餐要吃得又飽又營養，高麗菜飯就成為北斗的特色早餐。

我後來到北斗媽祖廟前吃在地人認為最道地的阿美高麗菜飯，這是先將香菇、高麗菜切碎炒過，再放肉絲、醬油，最後再添上滷汁、覆上滷得熟透的豬皮，就是一碗好料。

鄰近田中鎮的高麗菜飯作法則不同，口感不像北斗加滷汁的溼潤，先將高麗菜、蝦米、胡椒粉熱炒後，與生米一起放入大鍋燜煮，米飯跟高麗菜的脆甜交融，口味很古早。

彰化二林的東螺溪休閒農場，也可吃到有媽媽味道、層次更豐富的高麗菜飯。這裡是由不到十位的社區媽媽擔任廚師與園丁，將原本荒廢的鴨寮整理成餐廳及農村體驗區，每一道菜都是園區的作物，媽媽們展現往昔農家「割稻仔飯」的風味。

我在廚房發現一個傳統大灶，心裡無比興奮，因小時候在草屯外婆家，舅媽就是用這種大灶做菜。社區媽媽不嫌我在灶腳晃來晃去礙事，示範高麗菜飯的作法，用蝦米、豬油渣、油蔥酥、香菇、紅羅蔔、高麗菜與生米燜燒而成，然後搭配肥嫩下飯的爌肉，還有甘甜的炒高麗菜乾。我一吃，眼淚都快流下來了，真跟小時候舅媽做菜的味道一模一樣。

高麗菜乾也是台灣特有的料理文化，當高麗菜產量過剩，只得醃了存放才不浪費。例如澎湖從十月開始盛產又大又甜的高麗菜，農民會將賣不完的高麗菜加鹽曝曬成高麗菜乾，可以和鮮魚一起清蒸，或是高麗菜乾炒豬肉片，都是傳統美味。

對於高麗菜的創意料裡，我最難忘阿嬌的梅醋高麗菜。這是來自南投信義鄉海拔一千五百公尺的高麗菜，由於晝夜溫差，以及吸收陳有蘭溪上游的泉水，口感特別清脆。

阿嬌只用熱水汆燙，接著用噴頭噴上黑豆醬油與信義鄉梅醋融合的醬汁，而非淋上去，因為醬汁過多會不均勻，這個醬汁從菜葉流過舌尖，彷彿喚醒味覺，讓高麗菜格外甘爽，甚至有嚐到香甜玉米的感覺。

走過海濱，行過田野，肥蚵、香蛤與甘藍，為深秋增添更多回憶的甜意。

港口味海鮮的蚵酥

東螺溪休閒農場割稻仔飯

私房推薦

蛤仔輝特產中心　雲林縣台西鄉五港村五港路428號 05-6984911

這裡的蛤仔湯包有不同口味，虱目魚香腸、蚵仔蛋包也各有特色；在蛤仔輝附近有間近兩百年歷史的王爺廟「安西府」，旁邊有一家港口味海鮮，推薦鐵板文蛤、豆仔魚與蚵酥。到台西推薦看台西國中外牆的蚵壁畫。六輕帶來的環境衝擊，讓台西居民反省環保與永續的價值，藝術家和學生以透過漁民蒐集的二十多種貝殼、蚵殼，甚至是啤酒瓶、保力達B當原料，在長十公尺、寬八公尺的學校外牆上集體完成巨幅鑲嵌壁畫「希望之海」，表達台西人尊敬海洋環境，不分日夜的勤勞工作觀。

光華亭海鮮　彰化縣鹿港鎮中山路433號

臻巧味蚵仔煎　彰化縣鹿港鎮中山路410號

前者的蚵仔煎是在地傳統的作法，別地方幾乎沒吃過，錦魯麵也是招牌菜；後者的蚵仔煎口感頗創新，勾芡也不多，兩面煎的口感比較酥脆。

東螺溪休閒農場　彰化縣二林鎮西庄里二溪路七段二巷臨1201號 04-8659206

割稻仔飯是一定要吃的，社區媽媽們的手藝真的很有媽媽味，尤其在傳統的灶腳旁吃飯，碗筷、桌椅、空間都重現兒時外婆家的記憶，是很美好的回味。

十一月

立冬・國曆十一月七日或八日｜小雪・國曆十一月廿二日或廿三日

甜柿・柿餅・草莓・冬菇・旗魚

立冬之夜，台北氣溫高達三十度，我徜徉在苗栗泰安深山裡的凝脂溫泉，仰望星空，聆聽蟲鳴，享受煙霧氤氳的微寒。

冬有「終」的意思，立冬節氣象徵一年即將進入尾聲。台灣俗諺說：「八月涼、九月溫、十月還有小陽春。」亞熱帶的台灣在這個節氣卻經常豔陽高照。台灣農曆十月小陽春的熱情，早在嘉慶年間從福建來宜蘭遊覽的詩人蕭竹，就有深刻體會了，他寫下：「八節無時序，立冬亦暖和。」而台灣俗諺說：「十月小陽春，菜乾曝全屯，魚乾曝有剩。」更是將農、漁村家家戶戶趕緊利用立冬難得的太陽，曝曬過冬食材的情景描述得好不生動傳神。

泰安甜柿好誘人

我選擇立冬節氣往山裡去，在寒涼氣息中，感受山城溫泉的暖意，放鬆心情，才有節氣的氣氛。泡完湯，吃了一顆甜柿，又甜又水，淡黃果肉清脆飽滿，讓全身舒張的毛細孔格外暢快。

甜柿

泰安山城的甜柿，有溫和氣候、充足日照與清澈山泉的照拂，才能又大又甜。

清早八點，太陽得努力攀上海拔一四九三公尺的虎山，陽光才在山城探頭。我在海拔八五〇公尺的山上，拜訪泰雅族的甜柿達人托卡（漢名曾德華）。胖胖的托卡說，自己瘦下來之後，就跟港星劉德華一樣帥。

他剛收滿一籮筐的甜柿，已經忙得滿頭大汗，柿子成熟時，每天清早都跟家人來採柿子，新鮮直送到台灣各地。他在這裡種了八萬棵柿子樹，滿山都是一顆顆用白袋子包起的日本甜柿，像極了耀眼的白雪球。

溫和的氣候，日照充足，以及乾淨的山泉，讓這裡的柿子特別甜脆，可口誘人。

一顆顆碩大橙黃的甜柿，呈現泰安鄉得天獨厚的好環境，群山圍繞下，颱風與東北季風進不來，環境植被良好，一直未被破壞，讓森林能調節溫度與溼度，而且生態豐富，穿山甲、山豬、山羌、長鬃山羊自由自在。日本人在一九一四年建立警光療養所，讓警察傷患來此泡湯靜養，加上這裡草地肥嫩，也設立種馬場繁殖馬匹。

矮胖的托卡在低矮的柿樹之間穿梭自如，摘了一大袋的甜柿給我，要我下次上山跟他在夜間獵飛鼠。

深秋之美，莫過於在溫煦陽光下，一邊享甜柿，一邊飽覽秀色山林，或是夜下泡湯，啃柿子，望星空。

柿餅

北埔柿餅軟Q脆

立冬不只能嚐當令多汁的甜柿，還能嚐到九降風孕育的柿餅。果實成熟後會自然脫澀熟甜的甜柿，是二十多年前才引進的日本品種，但是台灣傳統柿子是兩百多年前先民從大陸移種的，屬於無法自行脫澀，得透過加工處理才好吃的澀柿。其中果實較小的品種石柿，最動人的口感是曬成柿餅，新竹北埔、新埔透過九降風日曬風乾的柿餅，就是絕妙美食。

我在北埔山裡，跟在地朋友坐在樹下，喝著在大暑製成的東方美人茶，清風徐來，琥珀色茶湯濃郁沁人的蜜香，引起我的食欲。朋友拿出一個竹籃，掀開蓋布，裡頭擺了一盤金黃色的柿餅，我拿起小小扁扁軟軟的柿餅，配著茶喝，口感軟而不爛，咬勁十足，茶的蜜香讓柿餅的淡甜更有韻味。

我們聊起北埔大文豪龍瑛宗，聊到他在一九三七年、二十六歲這年，發表震驚日本文壇的處女作——〈植有木瓜樹的小鎮〉。

「南國初秋十一月末的一個黃昏，陳有三坐在公園的長條凳上，從略帶微黃的美麗木瓜樹綠葉間，眺望著無窮深邃的青碧色天空，心蕩神馳。」我想起小說結語的這段話，邊吃柿餅邊望著十一月午後的天空，不知道文豪在伏案書寫時，是否想起柿餅的美好滋味？還是邊吃柿餅邊寫出這篇動人傑作？

九降風在龍瑛宗筆下像「水一般澄澈的風颼颼地刮著」，這道澄澈綿長且激昂的季風，和小陽春聯手讓柿餅滋味更豐富悠長。

北埔朋友說，小時候後院柿子林在此時盛產柿子，滿山橙紅，因為吃不完，就發揮客家節儉惜物的個性，全部曬成柿餅。

柿餅的加工全靠手感，製作過程就像東山龍眼乾一樣費時費工。上午十點，我在新埔的味衛佳柿餅店看做柿餅，我吃著香甜的柿子冰棒，五、六位中年婦女正靈巧專注的削柿子皮，店主人劉大哥將一簍簍裝著上百顆圓滾滾柿子推入老灶房烘焙，也將烘焙滿兩小時的柿子拿到太陽底下曬。陽光穿透柿子照射在地面上，形成一圈一圈的圓點，像是綻放的花朵，經過日照與山風的吹拂，慢慢讓柿子的單寧酸轉化成葡萄糖，再過三、四天，這些圓身硬柿的柿肉底部跟蒂頭的上下凹陷相碰觸，就變成又香又甜又軟的柿餅了。

我看到外頭堆滿木頭，還有一個燃燒烈火的窯，劉大哥堅持用龍眼木跟相思木來燻烤柿子，除了口感有自然薰香，曬柿子時也不怕蒼蠅襲擾，因為蒼蠅怕這股味道。但是燻烤耗時，同業常用柴油乾燥機快速烘烤，也笑每天七點起床工作、忙到凌晨兩點的劉大哥，不用現代科技協助，手工柿餅又累、模樣也不好看。

操著濃厚客家口音的劉大哥說，這是老一輩的堅持，他也發現先人與大自然相處的智慧，經過風與太陽慢慢加溫軟透，加上定時用手捏壓，擠出表皮水分，口感一定跟機器製造的有差，「不好吃，客人會罵人的！」我看到劉大哥手指又粗又厚，就是三十年來細心製作柿餅的指間歲月啊。

柿餅要在冷凍庫才能保持風味，好處是可以儲存很久，夏天拿出來解凍，冰冰涼涼的吃，非常可口。

《本草綱目》記載：「柿子味甘，性寒，能消熱去煩、止渴生津、潤肺化痰、治療熱咳。」小小柿餅將大自然精華發揮得淋漓盡致，客家燉雞湯就是將十多顆柿餅與雞用水一起燉煮，滋補且散發自然的香甜。

我對柿餅印象最深的料理是阿嬌做的霜白紅豆柿餅，從柿餅底部塞入麻糬跟紅豆，撒上糖粉，外形圓胖飽滿，像是高雅的和菓子，先嚐到柿香跟甜脆口感，再來是甜而不膩的Q軟內餡，配上熱茶，真是本土上等甜點。

如果沒有九降風跟小陽春，就吃不到這麼香甜的柿餅，好風如水、秋陽似酒啊！

大湖草莓如蛋糕

草莓是冬天最耀眼的紅寶石。二〇〇七年農委會舉辦十大經典國產水果網路票

草莓

選，草莓就擊敗芒果，成為年度冠軍。

芒果熱情性感，草莓柔情嬌羞，其實各領季節風騷，芒果從立夏步上伸展台，草莓則是在立冬現身，一直演出到隔年春天。台灣草莓的品種，光是名稱就豔冠群芳，有從日本引進的春香與豐香，還有本土雜交育種的豔紅。

到泰安泡湯前，先經過大湖，一路上看到豔紅的草莓在招手，當時就提醒自己，回程一定要來個激情邂逅。

屬於溫帶的草莓在台灣算是很年輕的作物，日治時期才引進，一開始先在陽明山試種，慢慢傳到蘆洲、金山，由於水土不服，難以大量栽種。日治時期在台的日本人植村蘭花，寫了一首短歌：「紅熟的野草莓／紅豔欲滴／伸手摘取時／下來了／一陣雨」。當時草莓應該很稀少，這首短歌傳達出珍貴的詩意。

一直到一九五八年大湖農民在蘆洲看見紅豔欲滴的草莓，就帶回一些種苗回大湖栽種，無心插柳，反而讓大湖成為草莓之鄉。只是一開始大湖種草莓的人並不多，都送到加工廠製成果醬，二十多年前轉型為觀光果園，讓人可以親近草莓，走上鮮食路線，我們才能吃到當令美味，成為冬季最令人期待的活動。

大湖成為草莓之鄉並非意外，因為這裡的氣候環境像極了泰安，日夜溫差大，冬季不易起霧多雨，陽光充足，土壤是砂質壤土，使得種在這裡的草莓特別秀麗飽滿。

讓我最難忘的草莓，不是草莓鮮果，而是口感像蛋糕的草莓冰沙。台中有家裝潢充滿古典風格、有如高雅咖啡館的冰店，名叫「糖姬」，老闆娘外貌如草莓般嬌媚，原先是拼布老師，因為愛吃冰，又想吃的優雅健康，就頂下咖啡館開冰店。

她用每天從大湖新鮮配送的草莓，將草莓打成草莓汁，再做成冰磚，打成草莓冰沙，淋上獨家調配的煉乳，外表乍看像美麗的粉紅蛋糕，吃起來酸酸甜甜，冰沙綿密細膩，入口即化，吃起來有蛋糕的錯覺。還有一種難得的夢幻冰品，得等到春夏交替的四月，草莓盛產的末期，加上剛登場的芒果，糖姬做成草莓芒果冰沙，兩大豔麗水果同台競秀，紅黃相間，真是熱情性感又柔媚嬌羞。

草莓不只象徵甜蜜的愛情，更代表火紅的熱情、青春、理想與不朽。Beatles有首經典名曲〈永遠的草莓園〉（Strawberry fields forever），裡頭一再重複的歌詞這麼寫著：「讓我帶你走，因為我正要前往草莓園，沒有什麼是真實的，也沒什麼值得留戀，永遠的草莓園。」

台北內湖山上的白石湖，有座剛完成的白石湖吊橋，鄰近有個種有機草莓的農夫，人稱馬丁大哥，過去曾是中小企業家，因為過度勞累生場大病，開完刀返鄉靜養，決定拋開事業，重返家園，在山上闢了一座開心農場。他重新活化變成垃圾山的廢棄池塘，成為螢火蟲、青蛙、上萬隻蝌蚪的棲息地，也重新整理附近的植栽與景觀。

「獨樂樂不如眾樂樂。」他說。

我在他的有機草莓園隨手摘下的草莓，不用清洗就能吃，雖然不是非常碩大紅豔，卻有獨特香氣，馬丁只想讓來此遊玩、採果的人都能吃到乾淨健康的草莓，

冬菇

每年四月他都會釀草莓果醬，我已經跟他預約春天來嚐草莓醬，還要忍耐好幾個月啊！

九二一大地震那年十一月底，我探訪受災嚴重的南投國姓鄉，全國草莓產量第二、草屯往國姓的草莓大道，當時幾乎了無生氣。我在草莓大道附近的福龜村，認識一位原本是機車行老闆的邱慶禧，他全力投入救災，甚至結合社區媽媽每天製作上百個免費便當，照顧鄰近孤苦無依的老人，甚至爭取經費協助社區媽媽學習社工照護的專業。

我在他眼中沒看到疲憊，而是無限的熱情。十年後，我經過福龜，草莓大道早就恢復生機，成為觀光重鎮，他依然堅守崗位，持續送便當，照顧老人，甚至為了處理低收入戶的喪事，賣家中鋼琴籌措喪葬費，一個在市場賣蘿蔔糕的店家決定買下鋼琴相挺。

馬丁跟邱慶禧，就和草莓一樣，貼近地面，務實認真，他們心中，都有個永遠的草莓園。

南庄冬菇好水嫩

香菇一年四季都有，盛產期集中在夏冬兩季，十一月盛產的冬菇香氣與口感卻勝過夏菇。

段木香菇是將原木切成一段段，在木頭上鑽洞種入菌絲，八個月後，吸收陽光、水分、空氣與木頭營養的香菇就長大了。

苗栗南庄，一個以花海聞名的客家山城，我在橫屏背山區的「碧絡角」農莊（客語是牆角之意）吃到口感鬆軟像麵包的生香菇，沒有腥味，越嚼越甜。

農場女主人李清香大姐人稱香菇姐，她端出一盤裹油炸粉的炸香菇，以及一盤蕈傘肥厚、菇體結實的生香菇，我以為她是讓我比較參考，沒想到是問我敢不敢試試生吃鮮香菇？我遲疑一下，鼓起勇氣咬了一口生香菇，沒想到當下感覺是「怎麼這麼像麵包？」

單吃就很美味，香氣十足，沾點椒鹽，也很甜美，我大口吃完後，接著吃炸香菇，水分又多又甜，肉質厚實。

香菇姐帶我走趟香菇棚，跟一般印象中陰暗的香菇棚截然不同，這裡是個開放空間，只有上面是遮陽薄網，棚內是一排排斜倚三十度的木頭，木頭上則滿佈一排排小圓圈。

香菇姐解釋，這是傳統的段木香菇，用原木切成段，在段木上打孔鑽洞，將菌絲種入洞中培育的香菇，八個月才能收成，培育過程繁瑣耗時，跟現在用木屑太空包種香菇、半年收成的方式截然不同，但是段木香菇的口感、香氣卻遠超過太空包香菇。以往野生香菇都是來自樹木，香菇姐回憶小時候大雨過後，總是要到山上採野生香菇，現在用段木培育香菇，也是回歸傳統。

培育段木香菇的方式很有趣，只要有陽光、空氣、水分，香菇會吸收木頭的營養。菌絲種入相思木或楓香木之後，要在表面塗蠟，保持水分，也防止雜菌侵入，定時要將段木放倒睡覺，讓水分均勻，時間到再立起來。

經營庭園咖啡的香菇姐，種滿了各種花草、樹木，包括日本櫻花、杏花、楓樹、五葉松、脆桃與孟宗竹，我還看到母雞帶小雞散步，可愛極了。在這個美好環境長大的香菇，幸福又自然。

成功旗魚好氣魄

台東成功位在漁港的廟宇——萬善爺廟，供奉全國獨一無二的旗魚神，這座身長三公尺、一兩百公斤重的黑色木雕旗魚神，眼睛又圓又大，模樣可愛。漁民沒出海時，會來此膜拜，其他地方的漁民到成功拍賣漁獲之後，也會來此祈求豐收，每年元宵節旗魚神甚至會被信徒抬出來繞街祈福。

走在路上，地標、路燈也都是旗魚圖騰，這是一個旗魚之鄉。

旗魚

旗魚是黑潮的禮讚。當東北季風吹起，親潮冷水團南下，南方的黑潮北上，雙方在台東相遇，激盪出營養豐富的潮流，形成洄游性魚類的漁場，吸引旗魚這種大型魚類前來獵捕，像鬼頭刀專捕飛魚，旗魚則是鬼頭刀的天敵。

全世界有十二種旗魚，台灣東海岸就擁有六種，被漁人稱為「丁挽」或是「翹翹仔」的白皮旗魚，是立冬出現的剽悍大魚。

只是旗魚這種具有經濟價值的魚類，以外銷日本為主，當地人都說：「鏢一尾旗，卡贏飼三隻豬。」

美食怎能只落外人口？要吃到在地新鮮的旗魚料理，十一月來台東就對了。白皮旗魚的質地柔軟，油脂豐沛，旗魚的胃做成油煎旗魚肚、魚背用在生魚片，魚頭可以紅燒或煮砂鍋魚頭，魚骨煮味噌湯，魚嘴頰肉炒蒜頭，格外Q甜，其他部位可以打成魚漿做旗魚丸。

台東知本的統茂飯店，這個時節也推出旗魚料理，他們的旗魚一口粽，是用肉粽作法，將內餡換成旗魚，加上香菇、油蔥酥，吃起來的味道比豬肉還鮮美；另道特別的溫泉蛋蒸魚，是用溫泉水將皮蛋、鹹鴨蛋煮熟，再放入切片的旗魚腹肉、雞蛋豆腐，鋪上洋蔥、撒上樹子，再蒸個十分鐘，樹子的甘甜帶出魚肉的鮮嫩，還有淡淡的蛋香與豆腐香。

外表凶悍狂野的旗魚，卻有軟嫩的內在，只是要吃到丁挽可不簡單，東北季風的洶湧波濤中，牠們才會現身，漁人得在驚濤駭浪下，站在漁船前方鏢台上，雙腳只剩帆布腳環跟世界的連繫。

他們用銳利眼神搜尋，發現旗魚揚鰭劃出水面時，有如武林高手決戰前夕，霎那間屏氣凝神，身軀隨浪起伏，心思卻澄靜無波，目光緊咬奔竄如箭的旗魚，一旦對方稍有鬆懈，破綻微現，電光石火間，人鏢合一，射出長五．四公尺、重六公斤的鏢竿，氣力與意志隨鏢激發，命中目標後，魚鏢繩索拉扯瘋狂奔逃的魚身，漁人繼續在海中追擊搏殺，到死方休，等到旗魚精疲力竭而亡，才拖回船上，通常得歷經好幾個小時。

一個老船長告訴我，鏢旗魚要射在旗魚尾，尾部筋較多，不易掙脫，射在魚身都是肉，容易脫逃，賣相也不好。

又稱「立翅旗魚」的丁挽，死亡後，胸鰭還保持怒張狀態，永不妥協；而其他種的旗魚，魚鰭早已閉合，平貼在身上，彷彿戰敗投降。

這種海上男兒的搏鬥，是傳承七十多年的古老技藝。現在捕旗魚多半改用刺網等漁撈技術，成功僅剩下三十多位、年齡在六十歲上下的老船長還在鏢旗魚。

得來不易啊，就像海明威的《老人與海》，彼此都是可敬的對手，江湖對決，正大光明，各自為生存奮戰，耗盡生命，也要維護尊嚴。

其實漁民很少吃旗魚，因為剛捕到的旗魚都立即載回漁港拍賣，不是送往高級餐廳，就是搭飛機連夜飛往日本。

廖鴻基在〈丁挽〉這篇散文描寫他跟老船長出海鏢旗魚的故事，別人問起老船長海湧伯鏢丁挽的種種，他始終淡然說：「無輸無贏啦。」他說他的半截生命已沉浸在湛藍的海水裡，作者卻懷疑，海湧伯體內流的不是溫紅腥熱的血液，而是藍澄澄的冰涼潮水。

總覺得吃旗魚跟吃鬼頭刀一樣，是在虔誠品味永不妥協的生命力，難怪成功的漁民要拜旗魚神，感謝大海的賜予，用生命交換生命。

每當面對旗魚料理時，內心都有些激動，吃得特別慢、特別細，因為這是用生命激盪的立冬禮讚啊！

水井茶堂柿餅

私房推薦

水井茶堂　新竹縣北埔鄉中正路1號　03-5805122

位於一級古蹟「金廣福公館」旁的水井茶堂，本身就充滿故事，它是另一座古蹟「天水堂」的右廂房改建，具有日治時期的別墅風格。老闆古武南賣東方美人茶、客家小點與講故事，喝茶配柿餅，感受老宅院風華，是最大享受。

劉家小館　新竹縣北埔鄉南興街65號　03-5802667

逛北埔，最棒的料理是劉家小館的滷味，滷肉、滷豬腳、豬皮、豬尾巴都是在地人的最愛，晚來常會撲空，還有客人用電話預約滷菜。

味衛佳　新竹縣新埔鎮旱坑路一段283巷53號　03-5892352

味衛佳是台灣極少數仍用手工製作柿餅的店家，位在多風少雨的丘陵地旱坑里，每年秋、冬曬柿餅的季節一到，這裡就經常出現遊客跟攝影愛好者來拍攝柿餅風光。他們的柿餅數量有限，只提供現場零售跟宅配。

碧絡角　苗栗縣南庄鄉東河村橫屏背25號　03-7822609

邊吃香菇料理，邊享受山景與園藝之美，人生最大愜意啊！

糖姬　台中市向上路一段27-12號　04-23013039

草莓冰沙、草莓芒果冰沙與黑糖布丁都擁有絕佳風味。這裡的紅豆也特別，要經過三階段、十二小時的燜煮，再與黑糖、特砂調出最適合的甜度，讓糖汁與紅豆密切交融，是用心之作。在糖姬吃冰還可體驗古典氛圍的空間，連廁所都很雅緻。

野草花果有機農場　台北市內湖區碧山路38號　02-27902706

馬丁大哥經營的生態導覽園區，不只有草莓，還有各種有機蔬菜與花卉。可以聽馬丁談家鄉故事，走生態步道，看生態池、聽蛙鳴，享受寧靜山林之美，附近還有一座白石湖龍形吊橋，來白石湖一遊，是趟遠離台北塵囂的小旅行。

糖姬草莓芒果冰沙

十二月

大雪・國曆十二月七日或八日—冬至・國曆十二月廿一或廿二日

烏魚子・烏魚・櫻花蝦・紅甘蔗・紅葡萄

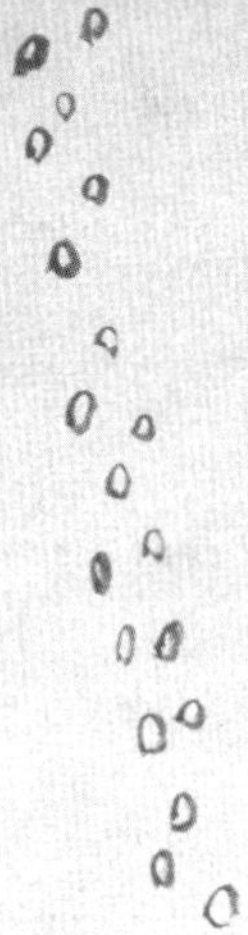

每年一到冬至，我住在高雄林園的阿公就開始盤算，什麼時候要去買烏魚子。對他來說，這是每年最重要的日子，因為烏魚子是送給親友最隆重的禮物。

這是他跟烏魚子的重要約會。小時候，我曾跟阿公去鄰鄉屏東東港挑烏魚子，整條路上都在曬黃澄澄、又肥又大的烏魚子，他會跟固定往來的店家寒暄閒聊，採買回家後，交給阿嬤整理、儲存，過年前他八個成家立業的兒女，每家都會收到十筆（個）烏魚子，然後再轉送各自的親友。

我記得跟妻子剛交往時，阿公就很慎重提醒我，要把烏魚子送給女友的母親：「愛乎人知影阮ㄟ誠意。」

一直到現在他九十多歲、行動不方便，還是會叫計程車親自去一趟東港。家人勸他不要這麼辛苦，大家各自去買就好了，他會生氣的嚷著：「不行，怎麼可以！」

俗諺說：「大雪大到」，大雪節氣之前，烏魚已經從長江流域出海口集結，朝台灣西岸洶湧而來。冬至前後，烏魚準時帶著滿腹的子孫來台灣報到。

阿公就跟被稱為「信魚」的烏魚一樣，重視承諾，在他眼中，烏魚子是最珍貴的禮物，要分享給他最重視的家人。

烏魚子

每到冬至之後，黃澄肥大的烏魚子就開始做日光浴。

烏魚子牽動的味蕾記憶

阿公從東港買烏魚子回家，當晚餐桌上就端上先用米酒擦拭過，再用細火慢烤出顏色像鹹蛋黃、外脆內軟黏牙的烏魚子，彷彿還能吃到細膩的卵粒，配著當令的青蒜、白蘿蔔，微嗆的蒜香、脆甜的蘿蔔讓烏魚子口感更甜爽。

出身北京的飲食名家唐魯孫，來台前從未吃過烏魚子，吃過後大為讚嘆，形容用大蒜片搭配烏魚子是香鮮適口，柔而不膩，比荷蘭高級起司還適合下酒。

在東港，我吃到的烏魚子不是配青蒜，而是蘋果跟水梨，飽滿水分讓烏魚子的鹹香昇華出甜味，感覺比蒜香更搭。

阿公還有個獨門烏魚美食——烤烏魚膘，精巧的一小顆，烤熟之後用口撕成一絲絲慢慢嚼，越嚼越有味，也是下酒絕配。以前一直不知道烏魚膘是什麼，後來才知道是烏魚的胃囊。

只要簡單的料理，來自大海、吸飽陽光跟海風的烏魚子，就是一道非常華麗的盛宴。

每年冬至，我就會開始想起這個味道，陽光下黃得發亮的烏魚子、烤得香酥黏Q的烏魚子，要一直用力咀嚼的烏魚膘，還有戴著斗笠的阿公，低頭挑選烏魚子的硬朗身影。

烏魚不只烏魚子、烏魚膘好吃，公魚魚白（精囊）也很美味，常見作法是先將魚白下鍋快炒，再加入醬油、糖與青蒜，用慢火燜燒而成，就像豆腐般軟嫩。

一般人比較少吃到烏魚殼，這是指掏空卵巢、膘與魚白之後的魚身。烏魚米粉是冬至的當令庶民美食，也是傳統漁民料理，就是先將烏魚殼、魚頭煎過，再放入米粉燉煮成一道湯鮮味美的料理，俗諺說「烏魚炒米粉，金光強強滾」，正是形容這種物美價廉的動人好味。

我的飲食經驗還是以可以保存較久的烏魚子為主，只是在外頭吃辦桌或喜宴時，烏魚子通常煎烤得很乾澀，印象很差。我對烏魚子料理難忘的驚奇，是在台菜老字號青葉餐廳第二代開的AOBA（日文的青葉發音）餐廳，吃到的烏魚子炒飯。滿滿的碎烏魚子粒，已經跟米飯炒得緊密交融，再配上四大片香軟的烏魚子，以及綠色的青蔥、豌豆，顏色開胃好看，吃下去溢滿烏魚子的香氣。

而直到我吃阿嬌料理的滷肉飯，才嚐到烏魚子的自由靈魂。她用馬祖老酒取代米酒滷豬肉，黏稠濃密的豬肉膠質搭配切片的野生烏魚子的鹹香，讓滷肉飯口感跟味道的層次跳出來，Q嫩並濟，甜鹹交融。

原來，烏魚子這個天生的漂泊靈魂，還能激盪出和諧的滋味。

我想試試單吃烏魚子的感覺，阿嬌送了一筆野生烏魚子給我，建議我用低溫烤熟，切片時切成長方形厚塊狀，豪邁一點吃，口感較好，果然小時候的味道又回來了。

我在茄定興達港遇到一些老船長，他們回憶過往滿載烏魚而歸，捕到一萬尾就在船頭插一面國旗，十萬尾插十支，大批漁船進港時，一片旗海飄揚，漁市的烏魚堆得跟小山一樣。

乾隆年間來台灣諸羅（嘉義）任官的陳繩，有首詩描寫烏魚南下的震撼場面，也許就像老船長的感受：「日映波光添繡線，鱗翻浪影簇烏旗。」日光照在洶湧海波上，宛如繡上一道金線，烏魚在浪中翻飛，像一排簇擁奔騰的黑旗。

老船長說，他們在海上等待烏魚時，淒風苦雨中凍得全身發抖，卻暗自竊喜，因為烏魚大軍越冷活力越旺盛，撒網撈捕到的烏魚群，依然在網中活蹦亂跳。

這種浩瀚場面，以及野生烏魚的美好滋味，已難再得。地球暖化、大陸漁民搶在烏魚來台前用拖網大肆捕撈，導致烏魚來台數量寥寥無幾，昔日烏魚產季最高可捕兩百萬條，現在一路下滑到令人唏噓的數千尾。

現在我們吃到的烏魚子，多半是從巴西進口或是台灣養殖，口感已大不如前。而且台灣養殖的烏魚為了要提高製造烏魚子的效率，從小就被餵食讓魚變（雌）性的飼料，要說人類太聰明，還是烏魚命運太乖舛，連被養殖都身不由己？

幸運的是，這種野性的美味還保存在我腦海中，甚至深藏在許多台灣人的味覺深處，以及歷史的空白處。

烏魚

有一次逛鹿港老街，看到一個老伯在整理家門口的烏魚子，小巷的曲折陽光照耀下，讓我短暫陷入時光隧道，想起昔日阿公在東港挑烏魚子的模樣。阿伯一直自製自銷少量的野生烏魚子，我發現鹿港的烏魚子頂部有一塊白肉，跟南部綁線的烏魚子不同，阿伯解釋，鹿港特色是取烏魚子時連肉一起切下來，南部則是用線將烏魚卵巢綁住。

烏魚的壯遊之旅

鹿港人一直認為鹿港烏魚子最好吃，因為烏魚從中國福建南下過冬時，在淡水河、新竹一帶卵巢還未成熟，到鹿港、王功外海時，則是烏魚子最肥美的時刻。鹿港在還沒建港前，大陸漁民會來此搭寮居住捕烏魚，所以鹿港現在還有「烏魚寮」的地名。鹿港有句俗諺：「愛呷烏魚毋穿褲。」形容鹿港人為了吃烏魚不惜典當衣褲。

世居鹿港、日治時期的詩人莊太岳寫著：「烏魚大獲萬三三，典盡釵環為口饞。本港從來魚子好，果然風味勝台南。」另位日治時期的鹿港詩人葉雄祈還將烏魚媲美讓人思鄉的鱸魚：「淞江風味鱸魚蓴，鹿江風味烏魚蒜。」都在表述鹿港烏魚的風味，已經獨步全台。

古籍卻說烏魚的魚子成熟是在台南安平跟屏東，在恆春產卵之後，回頭循原本

路線北返。南部人說鹿港的烏魚子叫「割肉仔」，他們用棉線綁魚子的技術更好。到底最美的烏魚子在哪裡？每個地方的人都會稱讚自家的好。

不論如何，烏魚子最成熟肥美的韻味，只有在台灣。

一個在對岸工作的朋友告訴我，在大陸一次餐敘中，席間一位福建商人自豪說，他們現在加工烏魚子賣到台灣，深受歡迎，朋友當場翻臉，因為台灣烏魚子跟加工技術是台灣之光，大陸技術遠不及台灣，豈能在此自吹自擂！

烏魚跟台灣的緣分遠高過其他魚種、物產，如果說烏魚是台灣開發史的先鋒也不為過。明朝《本草綱目》說明烏魚子的美味：「生東海。狀如青魚，長者尺餘。其子滿腹，有黃脂味美。」而且還說：「開胃，通利五臟。久食，令人肥健。」難怪明朝不少漁民勇渡黑水溝來台灣捕烏魚，他們落腳澎湖、鹿港、台南各地捕魚，返回中國進行加工，再賣到內地跟日本，當時估計一年會有三、四百艘漁船、一萬多名漁民來到台灣。

荷蘭人在十七世紀佔領台灣時，就要求捕烏魚的漁民要申請許可證，最後根據漁獲量抽十分之一的稅，鄭成功、清朝則採限捕政策，先繳稅才發烏魚旗掛在船頭作為憑證；日治時期則改為在市場交易後，依照交易金額抽取稅金。

過去台灣烏魚子醃製方式比較簡單粗糙，就是用海鹽醃製，也間接帶動鹽稅，清朝官員劉家謀在澎湖發現，萬一烏魚來得晚，會影響鹽的使用量，也降低稅收：「烏魚歲晚無消息，累得鹽官仰屋嗟。」

能讓政治介入如此深的魚種，除了西方的鱈魚，東方就是烏魚了。

日本也深愛烏魚子，因為外形像書法用的黑墨，日本稱為「唐墨」。為了提昇台灣烏魚子的美味，日治時期曾有長崎師傅來台指導烏魚子的製程，台灣烏魚子反而青出於藍勝於藍，現在我們吃到的烏魚子，大概就是日治時期的改良口感。

西方地中海也產烏魚子，主要用來拌沙拉，或是製成烏魚子碎粒撒在義大利麵上，在法國留學的朋友，就曾在米其林兩顆星的餐廳意外吃到烏魚子，因為是生吃，加了檸檬汁與橄欖油，口感無法跟台灣相比。

今年冬至，我猜又是讓漁民失望的一年，我們大概也吃不到野生烏魚子了。烏魚不再來，不是牠們失信爽約，牠們大概也焦急的想來南方避寒，來趟生命必經的凶險壯遊，只是還沒經歷黑水溝的挑戰，青春還未成熟就已葬身在人類貪婪的漁網中。

唉，我們何嘗不是貪婪之徒，但不是逞一時口腹之欲，而是細嚼烏魚的壯遊生命，延長悠長的美好記憶。

酥脆東港櫻花蝦

烏魚是台灣之寶，東港櫻花蝦也是台灣國寶，全世界只有日本靜岡縣跟東港生產這種玲瓏小巧、如櫻花瓣落英繽紛的發光小蝦，牠們個頭雖小，卻有高營養價值。

櫻花蝦

東港三寶之一的櫻花蝦，小小的不起眼，集結起來卻充滿怒紅的壯美。

冬日午後，我在海風陣陣的東港漁市，看到剛交易完的漁民，整理一簍一簍的櫻花蝦，小巧櫻花蝦集合起來，滿滿怒紅，耀眼壯麗。我一邊拍照一邊聽漁民興奮的交談，漁民抓起一把櫻花蝦，告訴我怎麼分辨新鮮優質的櫻花蝦，沒多久，一台小貨車載走了十多桶櫻花蝦揚長而去，我還能聞到一股新鮮的大海氣息。

走在路上，時常看到三合院曬穀場曬著櫻花蝦，陽光照射下，跟藍天相映，景色分外鮮豔寧靜。東港三寶之一的櫻花蝦，每年十一月到隔年五月的產季，四處都能看到這個靜謐的景致。

櫻花蝦主要是曬乾後作為零食小點，或是作為提味拌炒的佐料，增加鈣質養分。一大早我吃了東港最有名的早點——葉家肉粿，這是東港獨有的早餐，湯頭是虱目魚與米漿熬煮的濃湯，加上切得薄薄的香腸片、三層豬肉片，配上兩大片厚實的米粿，還有紅豔豔的櫻花蝦，整碗都是主角，沒有配角，豬肉跟櫻花蝦的鹹味讓湯頭、香腸更清甜，米粿軟中帶咬勁，充滿東港的豪邁。

老闆就在店門口一直攪動大鍋裡的湯頭，攤子上擺著在來米製成、需要炊蒸八小時、如桌子一樣大的白色米粿，上頭鋪滿香腸片跟豬肉片，店家切米粿、灑肉片的手一直沒停過。肉粿飽滿扎實，吃完心情暢快、元氣十足，若沒有櫻花蝦的關鍵提味，這碗肉粿就沒有東港的味道。

別看櫻花蝦小小的不起眼，卻代表東港漁民永續經營的態度。東港到枋寮一帶海域，有著孕育櫻花蝦生長的海溝地形，但以前東港人不知道櫻花蝦的價值，因為外殼呈現花紅，取為花殼，卻淪落為魚飼料，後來日本人來東港高價收購櫻花蝦，才出現專門撈捕櫻花蝦的漁船。

一九八八年一位日本學者來台考察，發現東港櫻花蝦跟日本是相同品種，則更確認東港櫻花蝦的價值，小蝦米搖身成為絕代佳人。

一開始佳人也曾遭到濫捕的危機。為了防止資源枯竭，漁民們成立產銷班，採取公開拍賣方式，不再由拍賣員比手畫腳叫賣，每天漁船返航、將櫻花蝦一排排擺好，讓業者寫好價格標單，以高價者得標。

產銷班還規定，每年十一月到隔年五月底是捕撈期，其他時間是禁捕期。捕撈期每艘船有上限規定，超過數量要分享給友船，萬一櫻花蝦產量過高，還會降低撈捕箱數，維持生態平衡與價格。

在漁市聽漁民聊起產銷班的歷程，以及素樸的自然永續精神，讓我晚餐吃櫻花蝦炒飯時，更細細品嚐這種得來不易的滋味，跟飯粒一起咀嚼，香香鹹鹹，酥酥脆脆。

紅甘蔗

埔里清泉紅甘蔗

冬天開始盛產的埔里食用紅甘蔗，像是汲取埔里好山好水的精華，莖幹筆直，節間長，特別脆甜多汁。

還沒吃過埔里甘蔗，早已因為余光中讚美埔里甘蔗的詩句而心動：「用春雨的祝福釀成／和南投芬芳的鄉土／必須細細地咀嚼／讓一股甘冽的清泉／從最深的內陸／來澆遍我渴望的肺腑」。

不過，我還沒嚐到埔里甘蔗纖維的芬芳，已先品到以埔里甘蔗酒為基酒，添加玫瑰花瓣釀造的「真情玫瑰」酒，味道像是提煉出靈魂的甘蔗，融合埔里魂魄的泉水，帶有一種荔枝果香的餘韻。

我逛完酒莊一旁的有機玫瑰園，在酒莊內看釀酒師傅清洗剛摘完的新鮮花瓣，一瓶三百七十五CC的真情玫瑰，要用五朵花瓣封入甘蔗酒中來熟成。甘蔗的甘甜與玫瑰的香氣，經過九個月的纏綿，真是愛情釀的酒啊，還是酒釀的愛情呢？喝起來都有一種戀愛的滋味。

甘蔗酒本身就是夠濃烈的酒。早在荷蘭佔領台灣時期，甘蔗栽種面積就達到稻田的三分之一，先民將白甘蔗提煉砂糖之後的糖水，發酵成甘蔗酒，顏色透明，口感微甜，是比米酒還廉價、廣受歡迎的庶民酒。

紅甘蔗釀酒大概只在埔里比較普遍，在地朋友招待我吃自釀的甘蔗酒燒酒雞，味道比米酒還強烈，冬天吃獨特的燒酒雞，酒勁十足，全身發熱，頻頻喝冰涼甘蔗汁來去熱解酒，我的血液跟胃大概都被埔里甘蔗給佔據。

埔里還有特殊的碳烤甘蔗，路邊小販將甘蔗放在汽油桶改裝的鐵桶裡，底下用木炭溫火燒烤，甘蔗香味被熱火逼出來，還沒吃就已經聞到濃厚的蔗香，溫熱中帶著焦糖香，喝熱甘蔗汁有滋補效果，全身暖洋洋，彷彿大地養分一口一口被我收到身體裡。

紅葡萄

台中后里紅葡萄

十二月是釀紅酒的黑后葡萄收成的季節。釀酒用的葡萄跟一般鮮食葡萄不同，個頭小小的，口感酸澀，需要經過釀酒過程的誘發，才能嚐到成熟的香韻。

我就在台中后里的樹生酒莊嚐到「最美好的一年」。二〇〇三年紛紛擾擾，政經混亂與SARS讓人心煩，但是那年豔陽高照，沒有颱風侵襲，沒有狂風暴雨，位在大安溪、大甲溪之間的樹生酒莊，就釀出紅酒的最佳滋味，充分表現這年的風華。

我在酒窖透著光線，酒杯裡閃耀紅寶石光芒的顏色，初嚐一口，帶著濃郁果香，大口飲下，口感細微，有如絲緞滑入咽喉，一會兒，餘韻回甘，帶點櫻桃的清甜。

莊園風大冷冽，但是紅酒暖心胃。我遙想著二〇〇三年的冬天，紅葡萄吸收春雨、夏陽與秋風，在冬天飽滿成熟，準備一展姿韻。莊主洪吉倍在這年釀出他人生最得意的作品，當他第一次喝下這個年份初釀的紅酒，不禁感嘆：「到現在才知道，原來自己釀的酒這麼好喝。」

他的感嘆不是沒有原因，台灣過去一直沒有佳釀名作，枉費好山好水孕育的甜美水果。日治時期的殖民政策，透過菸酒專賣制度，摧毀全台當時兩千六百多家的小釀酒廠，國民政府也承襲專賣制度（全球只有土耳其跟台灣實施菸酒專賣制度），農民們只能向公賣局契作釀酒作物。因為只是契作，不是生命作品，農夫在經濟效率考量下，葡萄多半在甜度十五度就採收（法國則在二十三度），因為產量最大，如果等到葡萄甜度達到極致，等待時間更長，產量更少。為了增加容易入口的甜味，幾乎都是加糖掩蓋自然風味，只有死甜，沒有活潑多元的活力，斷送能讓釀酒師傾注心魂釀造的地酒文化。

洪吉倍位在后里山坡上的葡萄園，貧瘠礫石紅土易排水，適合種紅葡萄，從祖父就開始種黑后葡萄供應公賣局釀酒，他也是沿襲過去的加糖習慣，根本不知道自己釀造紅酒的真正風味。由於加入ＷＴＯ（世界貿易組織），政府在二〇〇二年開放民間製酒，洪吉倍也在二〇〇三年成立酒莊。他在釀酒師的鼓勵下，堅持讓黑后葡萄甜度到二十度左右才採收，而且不加糖，終於釀出他的傑作。

我們頻頻舉杯細品好酒，他說酒窖所剩不多了，因為顧客喜愛，他家人也喝了不少，未來只有愛酒有緣人，他才考慮割愛。

我其實希望最美好的一年永不到來，年年都是充滿希望的一年，年年都有地酒佳釀，讓我能嚐遍台灣的風土滋味。

美釀需要美食相伴，如果還能吃到又嫩又脆的野生烏魚子，那才是美好又滿足的一年啊。

AOBA烏魚子炒飯

私房推薦

阿仁海鮮　屏東縣東港鎮光復路三段108號 08-8339666

這裡的烏魚子炒飯、櫻花蝦炒飯還有生魚片都很新鮮道地。東港光復路是知名海鮮餐廳聚集的區域，阿仁海鮮是老字號，雖然不被觀光客熟知，卻是在地人的推薦首選。老闆阿仁曾是船長，採買跟料理都是老經驗，每天要去市場三次，採購最新鮮的食材。

阿仁說，東港人懂吃、嘴又刁，在東港開海產店首先就要阿莎力，不能稱斤論兩、斤斤計較，只有新鮮、美味又便宜才能收服東港人的胃。「討過海，就知道只要東西新鮮，可以彌補很多缺點，」阿仁說：「但只要聽到客人不滿意，跟服務生說叫老闆過來，我就挫著等。」

AOBA青葉餐廳　台北市復興南路一段39號微風廣場G樓 02-87721109

在台北的台菜料理餐廳中，氣氛、空間和料理創意都有獨到之處。烏魚子炒飯是必點菜色。

葉家肉粿　屏東縣東港鎮光復路三段154號

要吃得趁早，當早午餐也是不錯的選擇，雖然東港有好幾家肉粿，但是這家最老牌、用料最豐富，也最好吃。吃完可到附近的王爺廟「東隆宮」參觀，東隆宮以王船祭聞名全台。

埔里酒莊　南投縣埔里鎮鯉魚路22-3號　049-2423828

這裡最美的不是酒莊，而是酒莊外霧氣山嵐包圍的鯉魚潭美景，品完酒之後，適合散步閒逛。埔里酒莊「真情玫瑰」採用的有機玫瑰花瓣，也是吳寶春師傅冠軍麵包「米釀荔香」的原料之一。

真情玫瑰

一月

小寒・國曆一月五日或六日—大寒・國曆一月二十日或廿一日

蓮霧・仙草・黑糖・香米

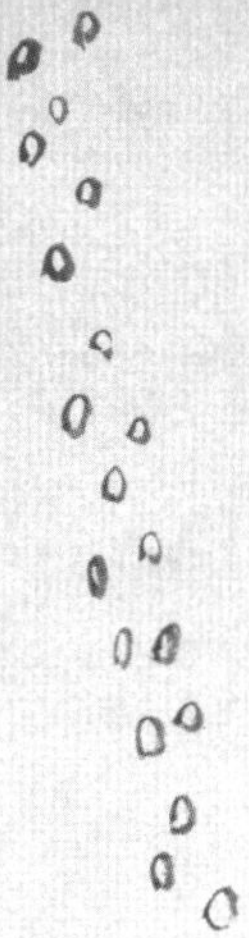

冬至過後，節氣轉往小寒。歲末最後一天，我到高雄六龜參加育幼院的跨年晚會，六龜之夜霧氣深濃，寒意陣陣。我早已忘了當晚的菜色，只記得最後端上一盤顏色深紅、體型碩大的蓮霧，院童們「哇」的一聲，開心的人手一顆吃起來，笑容跟蓮霧一樣甜。

總算輪到我了。果物放在掌心可以感受沉甸甸的重量，我一口咬下蓮霧頭，口裡傳來清脆聲，霎時汁液四溢，接著吃果身，果肉甜美，而且越吃越甜，還有淡淡蘋果香。我驚奇的問旁人這是什麼品種？在地朋友說，這是跟林邊黑珍珠齊名的六龜特產「黑鑽石」。

六龜黑鑽石，林邊黑珍珠

老土的我，還是第一次知道原來山裡也產甜蓮霧，滋味不輸屏東沿海的林邊黑珍珠，台灣果農的栽培技術真令人欽佩。尤其在冬季的尾聲，冷鋒高潮的小寒、大寒節氣，吃到汁甜飽滿的水果，更讓人驚喜。

蓮霧

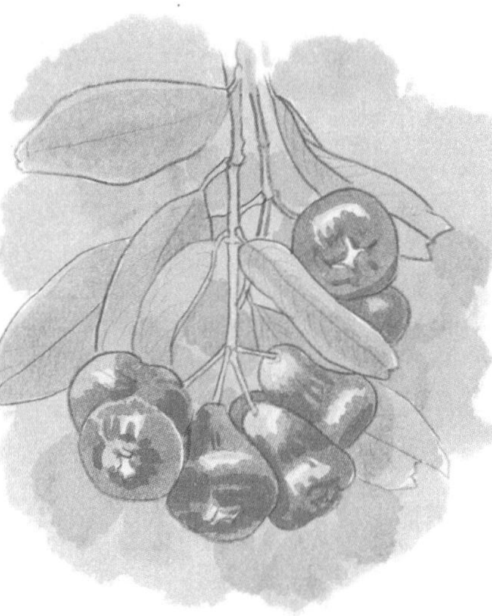

深山吃黑鑽石，海邊吃黑珍珠，我在屏東東港印象深刻的是蓮霧的沾醬。在地人有個獨特吃法，蓮霧切片後，要搭配蒜頭、醬油與糖攪拌成的沾醬，我有點遲疑，因為覺得吃原味才是王道，但想起台南吃番茄切盤也要沾醬，決定試試看，奇特的是，沒有蒜味，也不鹹，口感反而更甜。朋友說蓮霧吃多了容易脹氣，加醬油才不會脹氣，也會激發特別風味。

其實我來六龜是為了探訪朋友——口足畫家楊恩典，她剛生了一個女兒，特地回到六龜育幼院的老家慶賀。我們一群人慶祝跨年鬧到凌晨才睡，恩典一大早起床後，躺在床上讓孩子靠近乳房餵奶，雖然她無法抱孩子，輕柔的聲音也能讓小寶貝感到母愛的溫暖。餵完奶，先生在一旁換尿布，恩典坐在床上，彎腰對著小鏡子，靈巧地用左腳夾著化妝棉、眉筆、粉刷來化妝，最後先生拿著口紅，讓恩典低頭用唇去點觸口紅。長髮大眼、穿著一襲飄逸紅色連身長裙的恩典，唇上一抹絳紅，跟昨晚的黑鑽石蓮霧一樣明豔動人。

中午我們邊吃便當邊聊天，飯後又有切片的黑鑽石蓮霧，先生又憐又愛的餵恩典吃蓮霧，不時用手幫妻子撥理頭髮，兩人相視而笑。我發覺，蓮霧滋味真像甜蜜的愛情，又像風中鈴鐺招來「叮鈴叮鈴」的幸福。詩人辛牧在〈蓮霧〉這首兩句短詩寫著：「掛滿枝頭的風鈴 ／風呢」。

風不就是讓人盪漾的愛情？蓮霧如詩，夢幻動人，非水上之蓮、霧中之花。台灣日治時期詩人郭水潭，在〈蓮霧之花〉描述輕快的思念：「今夏 蓮霧的花開滿枝頭／不久 就結像鈴鐺般的果實／你就決定六月回娘家好了／那時就像新鮮初夏的果實般／妹妹啊 能再一次恢復天真的少女了」。

蓮霧是最美麗的誤會。因為十二月是蓮霧盛產的月份，一直延續到晚春四月，我在寒冬中嚐到如夏豔的甜蜜果實，竟有種疑似夏天的錯覺。其實蓮霧本是夏日盛產的水果，現在卻變成冬天最脆甜多汁，夏天相對因為多雨，反而風味稍減。像〈蓮霧之花〉描寫的花開時節是在五月，妹妹六月就能回家吃初夏的果實。客家文學家龍瑛宗在〈蓮霧之庭〉，描寫日治時期蓮霧呈現的夏天氣息：「一到夏天，枝葉間便垂吊著染紅了的、無花果一般的果實。黃綠色的葉子，在南國的碧空中搖曳著。」

從盛夏豔果轉變成寒冬冷香，蓮霧的改變，就像楊恩典堅毅成長的故事，讓人動容。蓮霧原本就是普遍可見的樹種，卻因為屏東沿海黑珍珠的出現，意外提高蓮霧的價值。

由於屏東枋寮、林邊沿海地帶海水倒灌、鹽分高，造成土壤貧瘠，讓蓮霧樹著根不深，生長緩慢，這個逆境卻迫使果樹掙扎求生，讓精華養分集中在花與果實，反而結出驚人甜美的蓮霧。

果農為了避免五月梅雨季的影響，造成水果裂開或是掉落毀損，他們機關算盡，摸透蓮霧的生長習性，調整產期，利用修剪枝條和罩黑網、改良品種與催花結果，讓原本五月開花的蓮霧樹進行夏眠，一直到南部陽光依然熱力四射、雨水相對較少的十月才被喚醒，開出燦爛的花，在十二月結出脆甜的果。

屏東林邊、枋寮的黑珍珠，後起之秀的高雄六龜黑鑽石，都是農夫運用創意魔法的傑作，越黑價值越高，越是人間夢幻珍品。

土蓮霧的古早味

蓮霧的身分在文人雅士心中，長久以來，一直是美麗的謎。原來產自馬來半島與南洋群島、土名Liem-bu的蓮霧，荷蘭人引進台灣之後，名稱一直豐富多元。台語稱為染霧、南無或菩提果，但蓮霧實際不是水蓮也非嵐霧，更沒有宗教信仰。

福建巡撫王凱泰在光緒元年（一八七五）來台巡視，就對蓮霧發揮豐富的想像力：「南無知否是菩提，一例稱名佛在西。不染雲霧偏染霧，慈航欲渡世人迷。」一不論是霧是佛還是仙，世人最迷戀的，還是蓮霧飽滿多汁的水分，在口中繚繞流淌的滋味。夏天豐腴多汁的夢幻水果競爭太激烈，蓮霧轉檯到寒冬稱王，也讓冬日多了一種讓人盼望期待的食物。

余光中在〈蓮霧〉這首詩說：「細細地嚼吧，慢慢地嚥／莫錯過這一季幸運的春天／泥土的恩情，陽光的眷顧／和一雙糙手日夜的愛撫」。

然而當我們耽溺夢幻蓮霧的甜美，卻忘了另一種土蓮霧的古早味。

小時候在鄉下，常常在夏天看到高大的蓮霧樹結出白裡透紅、個頭小小的白蓮霧。在樹下玩耍時，常會撿被風吹落的蓮霧來吃，或是等表哥用竹竿去敲蓮霧，記憶中味道比較淡、比較澀。

後來夏天在淡水滬尾砲台看到成排的蓮霧樹，結出如小巧鈴鐺的白蓮霧，非常壯觀，想起童年的蓮霧樹。反觀改良後的黑珍珠，為了方便摘採、包套，樹形已經低矮，不再高昂挺拔。

土蓮霧口感不能迎合現在潮流，熟成無人賞識，果實掉落滿地，讓有緣的鳥類、小動物盡情享用，或許，反而是種解放吧。

梅山香糖仙草凍

有一種糖，甜的有靈魂，深藏在嘉義梅山的寒冬雲霧中。

海拔一千多公尺、只有阿里山高度一半的梅山，因為位居半天之上，被稱為

仙草

「半天」，整個聚落裹在雲海之中，霧散霧聚，開闊迷離，有如雲夢幻境。梅山連作物也很獨特。由於冬天溫差高達十一度、夏天則為八度，加上水分充足，土質是養分高的黏土，這裡盛產茶葉、甜柿、水蜜桃、稻米、甘蔗與咖啡。

很難想像，產在嘉南平原、需要強烈日照的甘蔗，也會出現在雲霧山林中。

走進梅山瑞里村的綠色隧道，高聳竹林溶於霧中，彷彿漂浮在半空，地上可以看到許多冒出頭的竹筍。氣候雖然寒涼，但是走了一個多小時，也是汗流浹背，四周偶爾傳來淒厲鳥鳴，更感淒涼，我問在地朋友究竟要往何方？她只露出一抹神祕微笑。

竹林盡頭，只見一間不起眼的平房，還有座涼亭，一位阿婆起身招呼，原來是賣仙草凍的小店。我有些意外與失望，走了這種久，還以為有什麼神祕私房寶貝，原來只是不起眼的仙草。

阿婆端來一碗仙草凍，我走了滿身大汗，正好可以解渴。沒想到第一口就讓我大感意外，在這個不起眼的深山角落，竟然有這麼不平凡的平凡味。

我嚐到彈牙滑嫩的口感，還有仙草清新的青草香，安撫了我的燥熱心情。這碗看似咖啡凍的仙草，跟一般黑澄澄的仙草很不同，阿婆說外頭黑色仙草多半都是加鹼粉，增加濃稠跟顏色，三十年前她為了重現小時候記憶的味道，自己栽種仙草，再加上番薯刨絲熬煮三小時，才提煉出這種口感跟顏色。

一開始只是打發時間，沒想到許多旅人來綠色隧道一遊，發現這碗美好滋味，一再重訪，甚至觀光局還在此蓋個涼亭，讓客人能夠休息。就這樣，阿婆在

阿婆仙草

竹林盡頭默默煮了三十年的仙草冰。

最打動我的，是淋在仙草上的黑濃糖漿，霎那間讓仙草的味道跳出來，甜的很活潑，喚醒土地的風味，阿婆說糖漿是由梅山白甘蔗提煉的香糖製成，她先炒成焦糖狀，再以小火慢慢熬煮成糖漿。

我愛上的是這種有靈魂的黑糖，是阿婆三十年來始終不變的敦厚心意。我一直請阿婆添加糖水，後來她乾脆給我一個寶特瓶裝的糖水，讓我加個過癮，這可是宅配附送的糖漿。

回程時，我暗想真是不虛此行，果然不時遇到迎面而來三三兩兩的遊客，都是要去吃阿婆仙草。後來告訴朋友這趟美好的記憶，他原本就要去嘉義，特地繞去梅山瑞里，專程走趟綠色隧道，也吃了阿婆仙草。之後我們碰面，朋友就一直津津樂道那碗仙草凍。

這碗三十元的仙草凍，成為遊客跟我來梅山的驚喜與鄉愁。

我在梅山買了老薑黑糖，這是用種植兩年的老薑融在香糖裡，每次我鼻塞感冒，就用一顆老薑香糖泡開水喝，又辣又香又過癮，彷彿有種熱能翻攪鼻腔，讓身體格外舒暢。

朋友說以前小時候生活困苦，沒有錢喝奶粉，都是喝家鄉自種自製的營養香糖水長大。

黑糖

手感黑糖的底蘊

到底是什麼風土跟技術，讓梅山香糖這麼迷人？由於梅山過去交通不便，許多物產糧食得自給自足，除了經濟作物的茶葉，也在高海拔的山裡種稻米，由於寒冬中需要糖類來補充體力與營養，日治時期也開始在農暇時種少量的甘蔗。

高山甘蔗因為氣候冷溼、又長在山坡地，生長環境較為艱困，蔗糖風味層次反而比平地甘蔗更豐富。梅山農人都是利用做完冬茶、等待春茶的空檔，大約從一月到農曆過年之間採收白甘蔗製香糖，八小時的製作過程，一百五十斤的甘蔗只能提煉出十斤的黑糖，這麼精彩稀有的良品豈能放過，隔年一月，我再度上山探訪白甘蔗採收與製糖過程。

在地朋友將剛採收完的白甘蔗榨汁放入鍋中熬煮，榨完的蔗渣收集好當成蔗田堆肥，熬煮過程不斷濾掉雜質，慢慢讓水分蒸發，外頭雲霧漫漫，空氣又冷又溼，室內卻暖香陣陣。糖漿隨時間跟熱度已經凝結，還發出「啵啵」的激動聲響，但仍得不停攪動，以免燒焦，過程中我拿起晶瑩剔透的糖塊試吃，微溫中帶著香脆口感。

差不多完成了，朋友將熱騰騰的糖塊放到另個鐵鍋裡冷卻，顏色形狀都像花生醬，口感軟軟綿綿，接著開始拌炒、切塊，將一整團的黑糖切成形狀不一、模樣粗獷的糖塊，不像市面上販售的黑糖那麼細緻，但是單吃或是泡熱水、泡咖啡，都能嚐到溫醇香氣，以及質樸感動。

梅山香糖熬煮時，需要長時間的攪動，
像變魔法般提煉出甘蔗的靈魂。

這是久違的香氣啊，因為擁有豐富製糖歷史的台糖，早已不產糖，我們吃的糖大部分是從東南亞進口，香氣單一，不如台灣四季分明的氣候，滋養出底蘊豐富的砂糖。

我記得去雲林虎尾糖廠參觀，吃到在地生產的冰棒、冰淇淋，還有標記產地虎尾的紅糖，甚至看到眾多罕見的火車頭，充滿莫名感動，因為這才是嘉南平原日光風土創造的風味，才是台灣的驕傲。

虎尾在日治時期蔗糖產量居全台之冠，虎尾用糖提煉的酒精工廠，更被譽為東洋第一。現在是台灣少數還在運作製糖的糖廠，每天載運甘蔗的輕軌五分小火車還會精神抖擻的進站，其他糖廠都成為文化園區，看不到、吃不到風味活潑的在地甘糖。

蔗糖曾為日治時期、國民政府來台初期創造出口的高經濟價值，一度用台灣的美好風土征服世界，只可惜現在台糖就像台鹽一樣，沒有糖沒有鹽，都在不務正業。

香米

同治年間的秀才、也在日治時期於台中師範任教的吳德功，就寫下一首〈竹蔗〉：「節多如竹秀，葉密似葭蒼。揭揭風吹響，湛湛露釀漿。待當秋九月，處處獻新糖。」余光中在〈車過枋寮〉形容枋寮蔗田是「甜甜的甘蔗甜甜的雨／肥肥甘蔗肥肥的田」，「多少甘蔗／多少甘美的希冀」。

小時候家人也在種甘蔗，我能感受詩人筆下如秀竹的甘蔗，微風吹過時蔗葉沙沙作響的聲音，連雨水都是甜美的，那個是充滿盎然生機的美好記憶。我已嚐到梅山香糖的甘美，希望還能嚐到更多在地的甘美。

霧峰芋香釀酒香

霧峰帶有淡淡芋香的香米，就創造一種獨特的甘醇。

芋香米本身就夠好吃了，打開飯鍋就能聞到一股淡淡芋香，細嚼慢嚥，芋香隱隱約約。永康街小隱私廚的主廚James是霧峰人，他堅持只用芋香米，經常叫親戚從家鄉寄米上來，日本客人經常一次就是吃三大碗飯，「因為口感好的沒話說。」

當芋香米遇到埔里泉，就是最夢幻的組合。那是結合埔里泉水跟霧峰益全香米的初霧純米吟釀，冰冰的喝，甜甜口感帶有果香、米麴跟回甘的芋香，溫熱的喝，則是溫潤順口的米麴香氣。

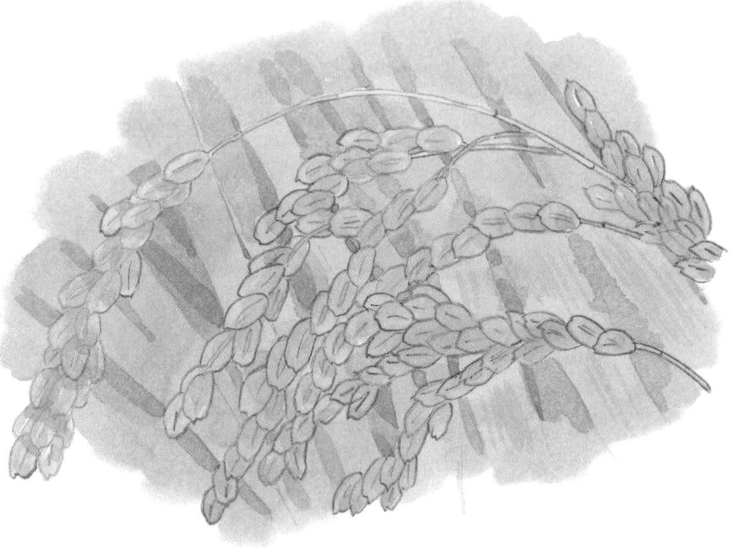

很少有食用米能夠釀出上等好酒，日本吟釀等級的清酒原料，都是米粒比食用米大且柔軟的酒米，酒米澱粉質較多，可以讓麴菌將澱粉轉化成糖分。益全香米是個意外。日本知名的釀酒博士廣井忠夫為了尋找釀蜜酒的原料，遠渡重洋來到台中霧峰，意外發現霧峰的益全香米適合釀清酒，他建議霧峰農會可以釀酒，創造益全香米的價值，農會遴選兩個職員到日本新潟學習釀酒。

由於清酒發酵越低溫越好，日本都是在攝氏零度以下才開始製酒，這兩個釀酒學徒經常在寒冬深夜，雙手浸在冰水中，在一小時內要淘洗六百公斤的米，雙手凍得發紫龜裂，接著全身溼透的扛米到攝氏三十多度的環境下蒸米、翻米，因為酒米嬌貴，輕忽不得，他們得徹夜睡在麴菌室外，隨時調整溫度，就像照顧嬰兒一樣無微不至。

我問他們出發前看過《夏子的酒》這本講清酒的漫畫嗎？釀酒師傅說他們出發前有惡補一下，知道漫畫主題是講釀美酒需要堅忍的精神，他們一開始無法體會，直到在日本新潟冰天雪地的深夜，原來寫支票、記帳的手變成洗米的手，精疲力竭下，他們幾度面臨崩潰邊緣，沒有信心能完成這趟修煉，幾度打電話回台灣想要回家，農會主管說錢都花了，沒有退路，請他們要「堅忍」。

他們從堅忍找到領悟，兩個月後，出師成為釀酒師傅，回霧峰開始釀酒，為了發掘搭配香米的最佳拍檔，他們找到埔里泉水。每當小寒大寒的寒流節氣，就是他們最好的工作時間，甚至連過年都沒有休息，不斷找尋如何釀出最佳口感。

當洗米不再只是冰冷的動作，而是一種靈魂的溝通，用手感受米的顏色、氣味，蒸米也是一種跟溫度的對話，細聞米麴香氣的心情，這大概就是日語「一滴入魂」的達人精神吧！

我們喝了他們剛釀好的酒，釀酒師傅說，一年產期就是短短三個月，他們現在可以喝出每瓶酒當天的氣候，是晴是雨？是暖是寒？也許連當下的心情都一一寫入酒中。

我後來找上亞都麗緻天香樓行政主廚楊光宗，請他設計菜單，如何讓這款酒能入菜，也能搭配相得益彰的美食佐餐，提昇本土釀酒的層次，不再只是拚醉豪飲，更有淺斟低吟的柔韻。

楊師傅認為初霧吟釀不輸日本清酒的口感，他設計一道霧峰初霧釀沉漁，將宜蘭產的野生小鮮魚（俗稱鳳梨魚）用初霧酒醃過，炸香之後，泡在用初霧、鹽、醬油、柴魚汁、魚露熬煮的醬汁讓其入味，回蒸一下，再淋上一點初霧酒就能上桌。

由於魚肉先炸過，魚香跟酒香已被封住，蒸過的肉質十分軟嫩，多咬幾口可以慢慢嚐到米麴的香味，配上初霧吟釀，滿滿的米麴香氣，真是香甜順口，沒想到我平常吃的芋香米，經過釀酒師傅跟料理師傅的巧手與靈思，竟創造無比華麗的風華。

談話過程中，我看到釀酒師傅的雙手白皙柔嫩，好奇問他，雙手不是應該粗糙龜裂嗎？老實的他紅著臉說，因為長期接觸酒粕，意外讓手掌的皮膚變嫩，也研發了酒粕面膜。這個說服力讓我當場買了不少酒粕面膜，便宜又好用，每當去台灣各地遊玩考察之後，我一定敷上酒粕面膜讓肌膚、心情沉澱休息。

有效嗎？只能說敷臉時的冰涼滋味讓我心情愉快。人跟土地用心與手的對話，讓地酒有靈魂，連肌膚也更美好了。

初霧吟釀

私房推薦

霧峰農會酒莊　台中縣霧峰鄉中正路345號　04-23399191

在這裡可以看到釀酒的過程與文化，還能買到美酒、面膜與益全香米等產品。

若蘭山莊　嘉義縣梅山鄉瑞里村10號　05-2501210

梅山瑞里的老牌民宿，熱心地方事務的莊主也是最好的導覽人，可以透過若蘭山莊找到阿婆仙草、香糖或是在地好料理。

茶壺餐廳民宿　嘉義縣梅山鄉瑞里村100-6號　05-2501806

這是梅山另一家兼營民宿與餐廳的旅遊點，料理以梅山在地的當令食材為主，酸菜炒冬筍、涼拌山豬皮與筍乾紅燒肉，都是讓人流口水的菜餚。住宿環境乾淨，也有地方導覽的服務。

虎尾糖廠　雲林縣虎尾鎮安慶里中山路2號

糖廠有個文物陳列室，可以了解糖業發展史跟糖業歷史文物，廠區還能看到許多火車頭；廠區外的福利中心能買到糖、冰淇淋與冰棒。

虎尾是在日治時期因應糖廠設立而開發的新市鎮，因此處處充滿日式風格。來到這裡，可順道逛日式風格的糖廠宿舍跟同心公園，後者是一九二〇年代英國人設計的公園，種滿白千層、樟樹與茄冬。附近還有百年前英國人設計、日本施工的虎尾鐵橋，鐵道長達四七五公尺，鏤空鋼架與拱圈的造型，是台灣難得一見又有歷史感的鐵橋。

照片來源
P33, P45, P60, P76右、左中、左下, P93上, P160／王耀賢攝
P34, P191, P192, P207／李建德攝
P76左上, P93下, P112, P128, P145, P175, P176, P200／洪震宇攝

Taiwan Style 09

旅人的食材曆

作者／洪震宇
繪者／劉伯樂

編輯製作／台灣館
副總編輯／黃靜宜
主編／張詩薇
美術設計／王春子
企劃／叢昌瑜

發行人／王榮文
出版發行／遠流出版事業股份有限公司
地址：台北市100南昌路二段81號6樓
電話：(02) 2392-6899
傳真：(02) 2392-6658
郵政劃撥：0189456-1

著作權顧問／蕭雄淋律師
輸出印刷／中原造像股份有限公司
2010年10月1日初版一刷
2015年9月15日初版六刷
定價350元

Printed in Taiwan
ISBN 978-957-32-6713-3

國家圖書館出版品預行編目資料

旅人的食材曆 / 洪震宇文.
-- 初版. -- 台北市：遠流，2010. 10
面； 公分. --（Taiwan Style；09）
ISBN 978-957-32-6713-3 （平裝）
1.飲食風俗 2.節氣 3.台灣遊記
538.7833　　99017706

遠流博識網 http://www.ylib.com E-mail：ylib@ylib.com